Instructional Evaluation for Professional Development: Practice Manual and Research

教師專業發展系列

教學專業發展評鑑系統

實務手冊與研究

張德銳　高紅瑛　康心怡◎著

推薦序

教育是成人之美的志業，師資培育更是專業又艱辛的學習歷程，教師專業能力的成長及專業地位的建立，係教育品質提升的關鍵，亦為家長及社會大眾的期望，因此教師專業化成為目前我國教育發展最需要推動的工作。

教育部從民國95年開始推動的「教師專業發展評鑑」，便是呼應近年國內教育改革的訴求，強調塑造教師專業形象，提升教師專業能力及促進教師專業自主權之重要措施。社會各界在教育發展會議等相關場合，對於實施教師專業評鑑、促進教師專業成長的訴求，源源不絕，足見提升教師專業能力實為社會對教師最殷切的期望。

目前實施的教師專業發展評鑑，屬於形成性評鑑，亦即根據評鑑規準，蒐集教師教學表現的相關訊息，以了解教師表現的優劣得失及其原因，其目的在提供意見和建議，以協助教師改進教學，或提供適當的在職進修課程和計畫，促進教師的專業發展。當學校教師能賡續專業發展，那麼學校即使在設備投資上不夠理想，素質優良的老師也能想盡辦法去克服，達成教育的理想。

教師專業發展評鑑的方式固然很多，其中最常用的一種便是「教學觀察與回饋」。透過同儕入班觀察，不但可以讓初任教師、新進教師得到應有的教學協助和支持，也可以讓資深教師有機會檢視、省思自己的教學，提升教師之專業素質，更有能力從事專業自主工作。

教學觀察與回饋固然是教師專業發展的利器之一，但是仍有部分教師對於教學觀察與回饋的意義與功能的了解不夠、對入班觀察仍有所疑慮。事實上，教學觀察與回饋確實是一套有系統、有方法的成長機制，如能做好觀察前的討論，讓觀察者與被觀察者能事先充分溝通，在觀察時能掌握觀察重點與技巧，於觀察之後，能提供相關的回饋與建議，不但對被觀察者的教學會有很大的幫助，對於觀察者本身而言，也能達到教學相長、同步成長的效果。

本人很高興見到臺北市立教育大學張德銳教授所帶領的研究團隊，能採用教育部2006年委託本人所主持，張新仁教授、張德銳教授及許玉齡教授所共同參與研發制訂的「中小學教師專業發展評鑑規準」中的「課程設計與教學」及「班級經營」兩個層面的評鑑規準，加以修訂。然後進一步說明如何運用評鑑規準，實施教學觀察與回饋，更提供教師在教學後如何獲得學生教學反應的回饋資訊。對於有意專業成長的教師們，這確實是值得參考的一本好書。值此本書出版之際，樂為之序。

國立新竹教育大學校長

曾憲政 謹誌

民國98年10月26日

自序

教師專業化是筆者從事教育工作後，一路走來，始終如一的理想。筆者堅信專業主義是師資培育的主流思想，也是教育發展的關鍵。唯有重視教師的專業化，才能確保學生的學習品質，進而有效提升國家的競爭力。

教師專業化的途徑固然很多，然而目前世界上各先進國家最常用到的一個途徑，就是鼓勵教師進行教學觀察與回饋。教學觀察與回饋是一種透過對教師實際教學的直接觀察並客觀記錄教師的真實表現，然後透過回饋會談，肯定和改善教學者的教學表現。教學觀察者可以提供老師另一雙善意的眼睛以及作為老師教學生活中的批判性夥伴或諍友。

在教學觀察與回饋系統的研發上，筆者曾於民國82年，和國立新竹教育大學的教授群研發了《發展性教師評鑑系統》，復於民國87年以及90年和一群中小學教師們共同研發了《發展性教學輔導系統》以及《中學教師教學專業發展系統》。本書則為有關教學觀察與回饋研發成果的第四本書。本書和前三本書的出版目的，皆在於協助、支持現場中小學教師走向更專業化的道路。

本書和前三本書的討論主題仍聚焦在教師自評、教學觀察與回饋、學生學習反應、專業成長計畫等，但本書與前三本書主要有二個不同：第一，為方便中小學教師們參與教育部所推動的「教師專業發展評鑑」，本書所採用的評鑑規準係教育部2006年委託國立新竹教育大學曾憲政校長所主持，張新仁教授、許玉齡教授和本人所共同參與研發制訂的

「中小學教師專業發展評鑑規準」中的「課程設計與教學」及「班級經營」兩個層面的評鑑規準，加以修訂。第二，本書以本人近年來所發表於學術期刊的二篇論文為輔。因此，本書對於現場中小學教師較有參考的價值，對於有興趣從事研究的學者專家則亦希冀分享一些在研發推廣之外的研究經驗。

本書之得以付梓，筆者除了深深感謝本書的另二位撰稿人——高紅瑛老師、康心怡老師，同心協力撰寫本書之外，臺北市立教育大學丁一顧教授在評鑑規準意義的說明上，以及李俊達兼任講師在教學觀察的國中實施示例上，亦提供過心力與協助，當然對於高紅瑛老師費心費力協助行政事務、統合文稿並校稿，以及對於五南圖書出版公司概允出版，亦深表謝意。

張德銳 謹誌

於臺北市立教育大學教育行政與評鑑研究所

民國98年10月26日

目錄

第 1 章

系統目標和規準

教學專業發展評鑑系統係透過教師自評、同儕教室觀察、學生對教師教學反應，來蒐集教師教學表現資料，然後鼓勵教師和同儕在相互信任、合作的基礎上，訂定專業成長計畫並執行之，藉以不斷地促進教學專業的發展，是一種典型的形成性、專業發展導向性的教學評鑑系統。

第一節　系統假設和目標

教學專業發展評鑑系統，可以便利教師進行教學省思並與同儕友伴進行專業對話，教師們可在信任合作的基礎上，以同儕輔導與評鑑的方式，不斷地在教學專業歷程上，攜手共進。教學專業發展評鑑系統的設計，反映幾個有關教師教學行為和其分析的四個假定：

一、肯定教師是一群具有學習能力的專業人員：身為專業人員的教師應該、能夠也願意改進他們自己工作上的表現，尋求專業發展。

二、每位教師的教學活動固然有其個別特殊性，但是某些重要的教學行為，可以成為教師教學表現的核心：教師的教學行為，例如精熟任教學科領域知識、清楚呈現教材內容等，皆為進行教學活動時所必需的。

三、教學是由一組可以分析的複雜活動所組成的：教學可以分析成數個重要的教學表現層面；而每個教學表現層面可由數個教學評鑑指標代表；當然，每一個評鑑指標亦可由數個檢核重點來加以描述。因此，教師若能表現出某一評鑑指標內的多數檢核重點，則可視其已經掌握該項教學評鑑指標。同樣的，教師若能實踐某一教學表現層面內的多數評鑑指標，則將視其已經實踐該項教學表現層面。

四、教師的教學行為對學生的學習影響很大：教師若能實踐有效的教學表現層面、評鑑指標、檢核重點，則學生的學習成效將會大幅提升。

基於以上之假定，實踐「教學專業發展評鑑系統」之後，可以達成以下四個目標。第一，改善、提升中小學教師的教學。然因為本系統僅限於發展性、形成性評鑑目的之使用，並不適宜用來作為甄選教師、續聘教師、決定教師薪資水準、表揚優秀教師，以及處理不適任教師的依據。

第二，促進教師的專業發展，評鑑者和教學者可針對教師教學需要改進的地方，共同研商成長計畫並執行之。除此之外，評鑑者亦可就大多數教師在教學表現上共同需要成長的地方，提供教師適當的在職進修課程和計畫，以促進教師不斷地學習與成長。

第三，發現教師教學表現成就，激勵教師工作士氣。在評鑑過程中所發現的教師已達成的評鑑規準，在綜合報告表上可評定為「優良」並給予口頭獎勵。這種對教師教學表現的肯定和認可，將可激發教師的尊榮感和成就感，並鼓勵教師在工作本身的內在價值中，獲得滿足。

第四，促進行政人員與教師之間以及教師彼此之間的溝通、協調和合作，如此將有助於學校的和諧氣氛之營造。本系統的評鑑者可以是校長、主任，但更適宜的是教師同儕。無論評鑑者是誰，本系統皆一再強調評鑑者與被評鑑者要保持同儕性的、民主式的關係，而不是權威性的、強迫式的關係。希望經由評鑑者和被評鑑者共同的合作經驗，深化相互信任的關係以及建立後續合作的基礎。

本系統的最終目的是在藉著改進教師教學、促進教師專業發展、激勵教師工作士氣、提升教師合作關係，來確保學校辦學品質，造就有效能的、成功的學校。「品質是人格尊嚴的起點」，學校辦學沒有品質，學校教育人員就難有人格尊嚴。因此，如何提升學校辦學品質，的確是當前中小學教育人員的一個重要課題。

第二節 評鑑規準

本系統所使用的評鑑規準，係採用教育部教育研究委員會於 2006 年委託曾憲政校長主持，張新仁教授、張德銳教授、許玉齡教授所共同參與研發制訂的「中小學教師專業發展評鑑規準」中「課程設計與教學」及「班級經營」兩個層面的部分評鑑規準（曾憲政、張新仁、張德銳、許玉齡，2006），加以修訂而成。本系統的評鑑規準，不但針對教師的教學工作，而且力求具體明確，更鼓勵學校及教師依據發展需求以及實務經驗，進行刪除、修改和添加新規準，而成為學校本位或教師本位的規準。

本系統的評鑑規準內含「課程設計與教學」與「班級經營與輔導」兩個層面；「課程設計與教學」層面內含 7 個評鑑指標、29 個檢核重點；「班級經營與輔導」層面內含 2 個評鑑指標、7 個檢核重點，全系統合計有 9 個評鑑指標，36 個檢核重點。為便利讀者區分教學層面、評鑑指標和檢核重點，特以大寫英文字母代表教學層面，如 A 代表「課程設計與教學」層面；B 代表「班級經營與輔導」層面。以阿拉伯數字代表評鑑指標，如 A-1 代表「精熟任教學科領域知識」之評鑑指標；加上第二個阿拉伯數字，代表檢核重點，如 A-1-1「正確掌握任教單元的教材內容」。本系統之評鑑規準如下，至於整個評鑑規準之意義說明及表現實例，請參見附錄一。

A 課程設計與教學

A-1 精熟任教學科領域知識

A-1-1 正確掌握任教單元的教材內容

A-1-2 有效連結學生的新舊知識

A-1-3 結合學生生活經驗

A-2 清楚呈現教材內容

A-2-1 說明學習目標或學習重點

A-2-2 有組織條理呈現教材內容

A-2-3 正確而清楚講解重要概念、原則或技能

A-2-4 多舉例說明或示範以增進理解

A-2-5 提供適當的練習以熟練學習內容

A-2-6 設計學習情境啟發學生思考與討論

A-2-7 適時歸納總結學習重點

A-3 運用有效教學技巧

A-3-1 引發並維持學生學習動機

A-3-2 善於變化教學活動或教學策略

A-3-3 有效掌握教學節奏和時間

A-3-4 有效使用教學媒體或電腦網路

A-3-5 根據學生個別差異調整教學

A-4 善於發問啟發思考

A-4-1 設計由淺而深的問題引導學生思考

A-4-2 發問後待答時間適當（3 秒以上）

A-4-3 發問後能針對學生回答繼續延伸問題

A-4-4 聽答後能歸納整理學生的回答

A-5 應用良好溝通技巧

A-5-1 板書正確、工整有條理

A-5-2 口語清晰、音量適中

A-5-3 教室走動或眼神能關照多數學生

A-6 善於運用學習評量

A-6-1 依實際需要選擇適切而多元的評量方式

A-6-2 適時檢視學生的學習情形

A-6-3 根據學習評量結果分析學習成效

A-6-4 根據學生評量結果調整教學

A-7 達成預期學習目標

A-7-1 學生學習專注

A-7-2 學生能理解運用所學概念與技能

A-7-3 學生能理解並悅納與學習活動有關的價值觀念

B 班級經營與輔導

B-1 建立有助於學習的班級常規

B-1-1 訂定合理的班級規範與獎懲規定

B-1-2 維持良好教室秩序常規

B-1-3 適時增強學生的良好表現

B-1-4 妥善處理學生不當行為

B-2 營造積極的班級學習氣氛

B-2-1 布置或安排適當的學習環境

B-2-2 營造良好和諧的師生互動關係

B-2-3 引導學生進行同儕合作學習

第三節　運作過程

「教學專業發展評鑑系統」的運作過程，係參考張德銳等（1996）研發之「發展性教師評鑑系統」與張德銳等（2004）研發之「中學教師教學專業發展系統」，以及配合2006年教育部補助辦理之「教師專業發展評鑑實施計畫」之規定，發展而成的。整個運作過程分為「教師自評」、「教學觀察」、「成長計畫」等三個階段。教師自評由教師對自我教學表現進行自我評鑑；教學觀察又分為觀察前會談、教學觀察、學生對教師教學反應、回饋會談。整個實施歷程其關係如圖1-1所示。在系統運作過程的設計上，雖力求周延，但允許教師依其需求，選擇部分階段或步驟，加以彈性運用，不一定要每一階段、每一步驟都實施。

在進行專業發展評鑑之前，評鑑者（亦可稱為教學協助人員或觀察者）與被評鑑者（亦可稱為教學者）應先進行一個預備階段。預備階段的目的是：培養評鑑者和教學者的信任關係，並為往後的實施階段，建立一個協助契約或默契。

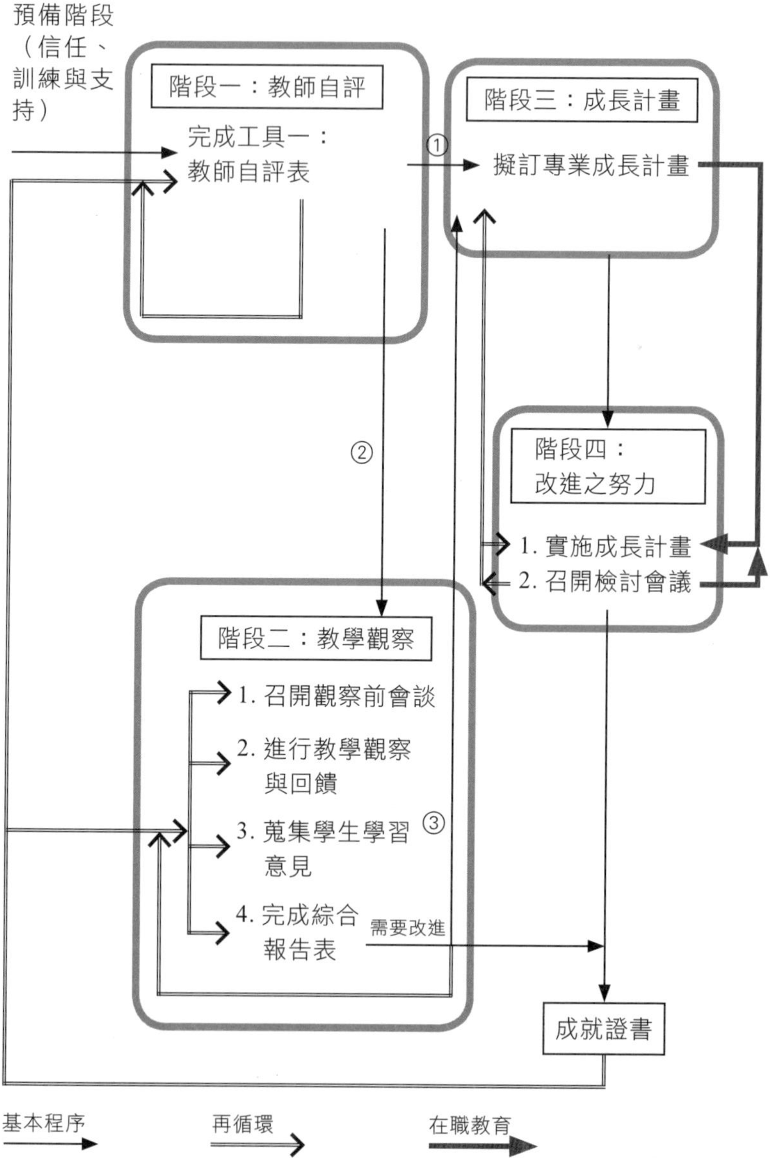

圖 1-1　教學專業發展系統之運作過程

由於評鑑者與教學者之間是否熟稔、關係是否良好，以及教學者能否尊敬和信任評鑑者，深深影響評鑑的效果，可見其重要性不容忽視。

在這個階段，評鑑者除了要接受足夠的訓練之外，亦應努力和教師建立良好的人際關係。之後，評鑑者應說明評鑑的目標以及和教師共同檢視整個發展評鑑規準是否合適。如果認為發展評鑑規準有任何不妥當之處，可以加以修改、增加或刪除之，例如特教班、幼稚園或高職群科均有其特殊專業需求時，都可討論修正之。最後，評鑑者應說明整個評鑑的運作過程並取得教學者的支持與配合。

在實際進行教學專業發展評鑑系統時，可分成三個階段、六個步驟，逐一說明如下：

階段一：教師自評

步驟一：教師自評

教師自評係一種有效的教師評鑑方式，因為唯有教師自己本身，才能對自我的教學表現做最實在且最深刻的了解和反省。教師可針對「教師自評表」（表 1A ，表 1A 至以下表 6A 詳見附錄二）二個教學層面和九個教學指標上的表現，進行分析，自我覺察教學上的優、缺點，發現可以成長的空間。如果想藉助另一雙善意的眼睛，則請評鑑者觀察自己的教學行為，進入階段二的教學觀察。

如果教師進行自評之後，從自評表上了解自己需要成長之處，如「教師上課的過程中或結束前，未能適時將該節或該段落的教學內容加以摘要，並總結學習要點」，那麼教師也可以直接就這一個檢核重點，逕行與評鑑者進行擬訂專業成長計畫，努力改進自己此一缺點，達到自評的目的。

階段二：教學觀察

教學觀察分為觀察前會談（步驟二）、教學觀察（步驟三）、學生學習反應（步驟四）、回饋會談與綜合報告表（步驟五）等五個步驟。其中，學生教學反應視受評鑑教師的需求，可做亦可不做，不屬於非要做不可。

步驟二：觀察前會談

觀察者在進行教學觀察之前，為了了解教學者的教學情境脈動，有必要在觀察之前，先和教學者進行一次「觀察前會談」，會談中除了釐清教學日期、年級、單元、教材來源之外，最主要在了解教學者的教材內容、教學目標、學生經驗、教學活動以及教學評量方式。當然，觀察者也可以與教學者討論觀察者的角色、觀察時所使用的評鑑規準、觀察的工具和焦點，以及觀察後的回饋會談時間和地點，並完成表 2A「觀察前會談記錄表」。

步驟三：教學觀察

在教學觀察階段，評鑑者首先要準備與熟悉觀察工具（表 3A），依觀察前會談所選擇的評鑑指標進行教學觀察。進行教學觀察同時，若能輔以錄音、錄影則更有助於教學者更清楚了解自己的教學行為。

在回饋會談階段，評鑑者要營造溫暖和諧的會談氣氛，提出觀察事實的紀錄，並以良好的發問技巧以及耐心，引出教學者的意見、感受及推論。在尊重教師專業自主權的前提下，鼓勵教師自行提出改進目標、方法及策略。然後，和受評鑑教師共同協商，就事先選定的評鑑指標，在表現程度上做合理的判斷。

步驟四：學生教學反應

為了解學生的教學反應，必要時可由評鑑者就教師任教班級的學生完成學生學習意見表（表 4A）。此一工具中的每一個評鑑規準都需以更淺顯的文字重新改寫，成為適合中小學生的用語，以便利學生了解和作答。不過此一步驟允許教學者依其需求，選擇是否需要進行。

步驟五：回饋會談與綜合報告表

由評鑑者以客觀的觀察資料提供教師回饋，並將受評鑑教師在自我評鑑、教學觀察以及學生教學反應的結果，轉錄在「綜合報告表」（表 5A）上，然後和受評鑑教師共同協商，依每個事先選定的評鑑指標，在表現程度上做最後的確認。

階段三：專業成長計畫

步驟六：擬訂與實施專業成長計畫

以綜合報告表所確認出來的教師成長需求為基礎，由教學者和評鑑者及其他可能合作之專業人員，一起開會討論，完成「專業成長計畫」（表 6A）。這個計畫，不但要求教師進行某些成長活動並鼓勵運用「教學專業資源檔」中所列舉的資料，最後確認每一個共同合作者，在教師專業成長過程中所應負的責任，及每一項成長活動完成之日期。

「專業成長計畫」表上所列每一位共同合作者，必須確實執行成長計畫中所指定之任務，包括教師在職教育活動，協助教學者努力改進教學。在完成「專業成長計畫」之後，教學者和評鑑者及共同合作者一起開會檢討執行成果。這個步驟一方面肯定教學者所獲得的成就，另一方面也為下一個新的評鑑循環做準備。

第四節　系統工具

教學專業發展評鑑系統工具的使用方法與程序，將於後三章逐一說明。擔任評鑑者之教學協助人員以及教學者（被評鑑者）都需要了解各個程序的細節，以及下列六種工具的使用方法，本系統所使用的工具有下列六種：

1. 工具一：教師自評表（表 1A）。
2. 工具二：觀察前會談記錄表（表 2A）。
3. 工具三：教學觀察表（表 3A）。
4. 工具四：學生學習意見表（表 4A）。
5. 工具五：綜合報告表（表 5A）。
6. 工具六：專業成長計畫表（表 6A）。

一次成功的教學評鑑活動，評鑑者與被評鑑者只要依循每個工具上的指示，把全部程序練習一、二回，就可熟悉整個系統程序。惟評鑑者在使用「教學觀察表」（表 3A）之前，必須先接受教學觀察訓練，能對教學的事實做「具體、客觀」的描述，以確保觀察記錄的正確性和可信度。初次使用本教學觀察表的評鑑者，面對 A 層面與 B 層面的全部規準，要做完整的記錄，可能會有困難。故可先試著選擇二、三個評鑑指標，練習觀察記錄，或者邀一、二位已接受過教學觀察訓練的同儕，一起入班分工實施教學觀察，也是一項不錯的選擇。

至於使用「學生學習意見表」（表 4A）之前，評鑑者與被評鑑者應先審慎思考、相互討論是否需要；如果確定有必要進行時，也必須小心謹慎，以避免傷害被評鑑者的自尊心。此外，評鑑者在與被評鑑者進行回饋會談與填寫綜合報告表（表 5A）及「專業成長計畫表」（表 6A）時，更要多鼓勵被評鑑者參與診斷分析教學表現和提出改進規劃工作，以達到本系統的最終目的，亦即促進教師能自我進行專業成長的歷程。

第 2 章

評鑑程序
——階段一：教師自評

本章分兩節，第一節先論述教師自我評鑑之意義、方式，第二節再說明教師自我評鑑的程序及注意事項，及至第四章時再闡述如何根據自評與他評的結果，提出專業成長計畫。教師若於自評之後，已經發現自己需要成長的空間，不想經過他評，亦可針對自己教學上的缺失，提出專業成長計畫，敦促自己專業成長。

第一節　教師自評的意義與方式

教師自我評鑑係促進教師專業成長的利器之一，在形成性教師評鑑中，教師自我評鑑是一個非常重要的評鑑方式；缺乏教師自我評鑑，形成性教師評鑑將失去其主要意義和價值。這也是為什麼教育部（曾憲政，2006）在「補助試辦教師專業發展評鑑實施計畫」中，便明訂教師自我評鑑係教師專業發展評鑑的二個主要評鑑方式之一：

> 教師專業發展評鑑方式分為教師自我評鑑、校內評鑑二種。教師自我評鑑，由受評教師根據學校自行發展之自我評鑑檢核表，填寫相關資料，逐項檢核，以了解自我教學工作表現。校內評鑑，由學校教師專業發展評鑑小組安排評鑑人員進行定期或不定期評鑑。評鑑實施時應兼重過程及結果，得採教學觀察、教學檔案、晤談教師及蒐集學生或家長教學反應等多元途徑辦理。

在教師評鑑的實務運作中，教師自我評鑑是手段，教師的專業成長才是目的。亦即進行本系統階段一之教師自我評鑑，係鼓勵教師進行教學省思，並依據省思結果，一方面自我肯定，另一方面針對自己教學上的缺失，提出專業成長計畫。另外，教師自我評鑑最好能跟其他評鑑方式一起使用，是故，本系統即是以階段一進行教師自我評鑑，繼之以階段二進行教學觀察進行他評，當教師知悉自己的評鑑結果要與其他評鑑方式作比較時，亦會較認真確實地評估自己的表現，從而積極改進自己的教學。

壹. 教師自評的意義

教師自我評鑑係「教師運用各種評鑑工具，針對自己的專業知識、表現和信念，蒐集資訊並加以深刻反省，以發展和改善自我專業表現的歷程。」（張德銳，2006，20-35）張氏並依據以上定義，將教師自我評鑑引述成下列五個要點：第一，教師自我評鑑是以教師本身作為評鑑者和被評鑑者，既是評鑑主體，亦是評鑑客體；第二，教師自我評鑑的對象係針對自己的專業知識、技能和情意，既重視教師表現的過程，亦重視表現的結果；第三，教師自我評鑑的資料來源有自我檢核表、同儕回饋資料、學生或家長反應等資料，這些資料可以運用多元的工具加以蒐集；第四，資料蒐集後，必須歷經深思熟慮，以判斷專業表現的優點和缺失、決定改善計畫、以及後續追蹤改善成效的連續歷程；第五，教師自我評鑑的目的在自我發展和成長，而不在於作為僱用教師、續聘教師、決定教師薪資水準、表揚優秀教師，以及處理不適任教師的依據。

貳. 教師自評的方式

教師自我評鑑係一種發現問題、蒐集資訊、自我省思、成長改變的歷程。教師自評也是一種有效的教師評鑑方式，因為唯有教師自己本身，才能對自我的教學表現具有最實在且最深刻的了解和反省（張德銳，2006；Harris & Hill, 1992）。教師自評的方式相當多，例如有：自評表、自評報告、教室日誌、媒體紀錄與分析、第三者協助、學生回饋與表現資料、教學檔案、教學行動研究等。較為常用的是自評表：包括量表（scale）與檢核表（checklist）。量表內容設計一系列的教學目標、技能或行為等，讓教師就自己的態度或表現來評定等級。

本系統依據教育部「補助辦理教師專業發展評鑑實施計畫」，所採用教師自評的方式係採自評表，即工具一：教師自評表（表 1A ，詳見表 2-1）。教師自評表分為量的問卷和質的描述兩大部分。量的問卷內容涵蓋「課程設計與教學」與「班級經營與輔導」二個評鑑層面，九個評鑑指標及就問卷勾選狀況以文字作意見陳述。

表 2-1　工具一：教師自評表（表 1A）

壹、基本資料

教師姓名：________ 任教年級：________ 任教科目：________
日期：__________

貳、填寫說明

本自評表的目的係為了協助您自我覺察教學上的優缺點，進而產生自我成長的作用。為達自我診斷之目的，請您在閱讀完評鑑指標後，慎重勾選最能真實代表您表現情形的欄位：如您「總是」表現出該教學行為（有 8 成以上的信心），請在「優良」一欄打勾；「經常」表現出該教學行為（有 6 成至 8 成的信心），請在「滿意」一欄打勾；「偶而」或「很少」表現出該教學行為（6 成以下的信心），請在「待改進」一欄打勾。然後在後面的意見陳述中，具體補充說明您整體表現的優劣得失以及自我成長的構想。

	優良	滿意	待改進
A 課程設計與教學			
A-1 精熟任教學科領域知識	☐	☐	☐
A-2 清楚呈現教材內容	☐	☐	☐
A-3 運用有效教學技巧	☐	☐	☐
A-4 善於發問啟發思考	☐	☐	☐
A-5 應用良好溝通技巧	☐	☐	☐
A-6 善於運用學習評量	☐	☐	☐
A-7 達成預期學習目標	☐	☐	☐
B 班級經營與輔導			
B-1 建立有助於學習的班級常規	☐	☐	☐
B-2 營造積極的班級學習氣氛	☐	☐	☐

意見陳述（請就上述勾選狀況提供文字上之說明，如果空白不夠填寫，請自行加頁）：

1. 我的優點或特色是： 2. 我尚可成長和改進的空間是： 3. 我成長的構想是：

第二節　教師自評程序

壹．教師自評程序的合理性

「教學專業發展評鑑系統」的發展程序反映了使用者的合作性、發展性的目的，以及個人具有自我改進之成長潛能的假設。尤其在階段一的教師自評，評鑑者之所以仰賴教師的自我分析資料，來作為觀察前會談中的診斷分析資料，其理由乃基於以下四個邏輯的假設。所有參與本系統之教師在實施階段一教師自評時，必須參酌下列四個假設：

1. 只有教師本人對自己的教學實務具有最廣泛、最深刻的了解。
2. 透過內省和實際教學經驗，教師能夠對自己教學的表現形式和行為做一個有效的評估。
3. 教師的自我分析資料不但應被視為有效的，而且應儘量受到尊重。當教師答應接受評鑑之後，評鑑者與被評鑑者必須共同討論，以找出教師需要接受診斷的教學行為。

4. 身為評鑑者協助教師接受評鑑之後，亦可轉換角色，成為受評鑑者，邀請他人協助自己進行另一段評鑑歷程，為自己找到教學上之優點與成長空間。

實施教師自我評鑑的成功與失敗，和教師的態度和信念息息相關。因為要執行一個成功的自我評鑑，教師要知覺到本身教學上的問題，有改變的意願，才會對自我評鑑有實施上的需求。

貳．進行自評之前的準備

因應「教學專業發展評鑑」整個系統過程中的「自評」、「教學觀察」、「成長計畫」三個階段、六個步驟，共設計六個表格，分別為工具一：教師自評表（表 1A）、工具二：觀察前會談記錄表（表 2A）、工具三：教學觀察表（表 3A）、工具四：學生學習意見表（表 4A）、工具五：綜合報告表（表 5A）、工具六：專業成長計畫表（表 6A），每個工具各有其獨特的設計目的，評鑑者與被評鑑者取得彼此的信任與訓練之後，在使用任何一種工具之前，都需要共同考慮下列各項問題：

1. 所需使用的工具是否準備齊全？
2. 所需使用的資料份數是否足夠？
3. 完成工具的日期是否已經設定？
4. 評鑑的日期、時間和地點是否已經安排妥當，以便容許評鑑者和被評鑑者能夠順利地合作？

5. 所有工作人員是否都具有互相合作與信任的心態？
6. 所有工作人員是否都能熱心參與客觀性的、專業性的評鑑工作？

參．自評表的介紹

教師自評表的主要目的是，讓教師針對自己的教學表現進行自我分析與自我檢討，表內分成量的問卷和質的描述兩大部分，內容包括「課程設計與教學」、「班級經營與輔導」二個層面中九個評鑑指標。教師自評時必須以深思熟慮、客觀的態度回答表內所有的項目，在閱讀完評鑑指標後，慎重勾選最能真實代表自己表現情形的欄位，並在後面的意見陳述中，具體補充說明自己整體表現的優劣得失以及自我成長的構想，協助被評鑑者自我覺察教學上的優缺點，進而產生自我成長的作用。除完成自評表之外，教師當然亦可依據實際情況蒐集教室日誌、媒體紀錄與分析、學生回饋與表現等資料，多方了解、省思自己教學表現。

肆．自評表的實施程序

程序一

評鑑者複製所需的材料：工具一與「教學專業發展評鑑系統」的發展評鑑規準。

程序二

評鑑者與教師閱讀教學專業發展評鑑系統程序、工具一與發展評鑑規準。

程序三

教師自行選擇一個適當的時段（至少 30 分鐘），和一個安靜不受外界干擾的地點。

程序四

教師再次審閱「教學專業發展評鑑系統」評鑑規準，證實自己對發展評鑑規準徹底了解。

程序五

教師依照工具一的指導語，閱讀完工具一中描述教學行為的句子，然後參照發展評鑑規準，在閱讀完評鑑指標後，慎重勾選最能真實代表自己表現情形的欄位：如自己「總是」表現出該教學行為（有 8 成以上的信心），請在「優良」一欄打勾；「經常」表現出該教學行為（有 6 成至 8 成的信心），請在「滿意」一欄打勾；「偶而」或「很少」表現出該教學行為（6 成以下的信心），請在「待改進」一欄打勾。然後就自己的勾選情形，再以文字寫出自己的優點或特色，以及尚可成長和自我改進的空間與成長的構想。

伍. 實施自評表的注意事項

1. 教師在做勾選時，可以參考「教學專業發展評鑑系統」的評鑑規準，以便能夠確實掌握每個評鑑規準的意義（參見本書附錄一）。

2. 教師所做「優良」、「滿意」、「待改進」的勾選並沒有任何評分的意味，也沒有任何所謂正確或錯誤的答案。
3. 教師做完勾選後務必要提供文字說明，以便讓評鑑者能夠了解教師為何做這樣的勾選，也就是其勾選的理由或證據是什麼。
4. 教師完成工具一所花費的時間約為 30 分鐘。

教學者填完自評表，從表中為自己找到教學上之優點與成長空間之後，即有兩個選擇，一是邀請評鑑者進行教學觀察與回饋；一是自評者針對自己需要成長的空間，隨即著力於規劃與執行專業成長計畫。在規劃與執行專業成長計畫時，參與自我評鑑的教師自行設定，或者和評鑑者共同協商後，以具體的文字記載：(1) 受評鑑教師可以採行的專業成長活動；(2) 擬訂完成每個活動的預定時間表；(3) 評鑑者必須提供給受評鑑教師的協助，才能達成教師自評功效。

陸．實施自評表的實例

下表（表 2-2）是任教於愛心國中七年級國文領域的傅平安（化名）所做的教師自評範例。傅師為了覺察自我教學上的優缺點，在填妥基本資料與閱讀填寫說明之後，即慎重勾選每一評鑑指標後面最能真實代表自己表現情形的欄位——「優良」、「滿意」、「待改進」。然後在質性描述的三個欄位中，具體補充說明自己整體表現的優劣得失以及自我改善的構想。

表 2-2　工具一：教師自評表（表 1A）

壹、基本資料

教師姓名：傅平安　任教年級：七　任教科目：國文

日期：96/4/17

貳、填寫說明

本自評表的目的係為了協助您自我覺察教學上的優缺點，進而產生自我成長的作用。為達自我診斷之目的，請您在閱讀完評鑑指標後，慎重勾選最能真實代表您表現情形的欄位：如您「總是」表現出該教學行為（有 8 成以上的信心），請在「優良」一欄打勾；「經常」表現出該教學行為（有 6 成至 8 成的信心），請在「滿意」一欄打勾；「偶而」或「很少」表現出該教學行為（6 成以下的信心），請在「待改進」一欄打勾。然後在後面的意見陳述中，具體補充說明您整體表現的優劣得失以及自我成長的構想。

	優良	滿意	待改進
A 課程設計與教學			
A-1 精熟任教學科領域知識	☐	☑	☐
A-2 清楚呈現教材內容	☑	☐	☐
A-3 運用有效教學技巧	☐	☑	☐
A-4 善於發問啟發思考	☑	☐	☐
A-5 應用良好溝通技巧	☑	☐	☐
A-6 善於運用學習評量	☐	☑	☐
A-7 達成預期學習目標	☐	☑	☐
B 班級經營與輔導			
B-1 建立有助於學習的班級常規	☑	☐	☐
B-2 營造積極的班級學習氣氛	☑	☐	☐

意見陳述（請就上述勾選狀況提供文字上之說明，如果空白不夠填寫，請自行加頁）：

1. 我的優點或特色是：
   (1) 教學前，能先將課程內容組織成一有系統的完整知識，再引導學生習得知識內容。
   (2) 教學時，透過問答與學生保持互動，並隨時掌握、提醒學生學習情形，一方面增加其注意力，一方面啟發學生思考。
   (3) 和諧的班級氣氛與良好上課秩序，是我上課的原則。學生大都能尊重上課的老師，遇到問題的時候也願意主動發問。
2. 我尚可成長和改進的空間是：
   我自己若能在有限時間內多利用電腦輔助教學，相信會使教學更生動有趣。
3. 我成長的構想是：
   我想可以向隔壁班的張老師多請教，同時透過校內資訊研習，以增長資訊融入教學的使用能力。除此之外，如果能請學校就整個使用環境，例如借用程序、班級空間規劃，做比較理想的配置，對於個人使用應該也會很有幫助。

從表中可以清楚看到傅師的優點與特色是：教學前能將課程內容組織成有系統的知識，再引導學生學習；教學時，透過問答與學生保持互動，並隨時掌握學生學習情形，一方面增加其注意力，一方面啟發學生思考；上課秩序良好能營造和諧的班級氣氛。至於尚需成長和改進的空間的是：希望能常利用電腦輔助教學，讓教學變得更生動有趣。因此傅師的成長構想是：多向同儕請教，多參加資訊研習，以增長資訊融入教學的使用能力。並建議學校就資訊設備的借用程序、班級空間規劃，做更理想的規劃，以方便教師使用。

第 3 章

評鑑程序
——階段二：教學觀察

「教學觀察」是教學專業發展評鑑系統的第二個階段。由於教學專業評鑑如果僅依靠教師自己省思，來改進教學技巧與策略仍有其侷限性，如果能透過同儕教師的「另一雙善意的眼睛」，藉著入班進行教學觀察，以發現教學者的優點與成長的空間，也許更能達到教師專業發展的目的。

教學觀察是一種對教學者實際教學的直接觀察，並客觀記錄教師的真實表現，然後透過回饋會談，肯定和改善教學者的教學表現，對於教學者與評鑑者均有利於專業成長。

進行教學觀察必須和教師的教學生活做充分的結合，而不是為了教學觀察而觀察。若能從教學者教學設計開始，評鑑者與之共同備課，更能增加評鑑者與教學者在教學互動上的效益。繼之，針對一節課或一單元的教學，進行觀察前會談，充分掌握教學者的教學脈絡。然後，教學者邀請評鑑者進入教室，以臨床視導的工具進行教學觀察，蒐集教學行為具體、客觀的資料，最後進行回饋會談，以提供教學者回饋意見，協助教學者改進教學。故此，教學觀察需經歷三個程序：觀察前會談、教學觀察、回饋會談。

除了從觀察者的角度，提供教學觀察事實與回饋意見外，亦可從學生角度提供教學者多雙「善意的眼睛」，是故學生的教學反應，也是幫助教師教學成長的利器之一，也是屬於廣義的「教學觀察與回饋」。當然，是否實施學生教學反應，決定權在受評的教師。

為了綜合教師自評、教學觀察、學生教學反應的結果，對教師的教學有一個更全貌的了解，本系統設計了一個綜合報告表。是故，本章分四個小節，依序說明觀察前會談、教學觀察與回饋、學生學習反應、綜合報告等四個步驟。

第一節　觀察前會談

評鑑者在進行教學觀察之前，為了了解教學者的教學情境脈絡，有必要在觀察前先和教學者先行進行一次「觀察前會談」，會談中除了釐清教學日期、年級、單元、教材來源之外，最主要在了解教學者的教材內容、教學目標、學生經驗、教學活動以及教學評量方式。當然，評鑑者也可以與教學者討論觀察者的角色、觀察時所使用的評鑑規準、觀察的工具和焦點，以及觀察後的回饋會談時間和地點。

壹.「觀察前會談」程序的合理性

在觀察前會談階段，評鑑者要先和教學者建立信任的融洽關係，並以嫻熟的會談策略，試著以複述和澄清的技巧，採用下列提問過程，以了解教學者的教學脈絡：

1. 您（教學者）希望我觀察哪一堂課？
2. 您班上學生目前的學習情況如何？是否有特殊學生？您期待學生在這一堂課學到什麼？
3. 在這堂課裡您會使用哪些教學策略？哪些評量策略？

另外，觀察前會談也必須重視教學觀察重點的掌握，因為每一位教師都有不同的成長需求，唯有針對教師的需求進行觀察，才能精準、有效。觀察者可以藉著發問：「當您教這堂課時，您要我觀察哪些重點或規準？希望我使用哪些觀察工具？」了解教師的教學關注，並且只針對教師關注的評鑑規準進行觀察，而不是每個評鑑指標或檢核重點都要觀察的。

當然，如果教師並沒有特定的關注焦點時，而是要了解整個教學的全貌，評鑑者可以使用完整的教學觀察表（表 3 A）對教學者的教學做全面性、廣角式的觀察。

惟本系統必須再強調：進行觀察前會談，以了解教師的教學脈絡是很重要的，因為唯有了解教師的教學脈絡，才不會對教師的教學產生誤解，或者出現「見樹不見林」的現象。當然教學脈絡的掌握也可以透過教案的討論而獲得，不一定要透過發問與討論的方式來獲得的。

貳. 觀察前會談記錄表的介紹

觀察前會談中，教學者與評鑑者一起完成工具二：觀察前會談記錄表（表 2A ，詳見表 3-1）。使用本工具二的主要目的是：為了協助教學者釐清教學脈絡，所以表內記錄的項目共分下列八項：教材內容、教學目標、學生經驗、教學活動、教學評量方式、觀察時所使用的評鑑指標、觀察的工具和焦點、回饋會談時間和地點。

表 3-1　觀察前會談記錄表（表 2A）

教學時間：______　教學年級：______　教學單元：______
教材來源：______　教學者：______　觀察者：______
觀察前會談時間：______

一、教材內容：

二、教學目標：

三、學生經驗：

四、教學活動：

五、教學評量方式：

六、觀察時所使用的評鑑指標：

七、觀察的工具和焦點：

八、回饋會談時間和地點：

參．觀察前會談應注意事項

教學評鑑能否成功，首要關鍵即在召開觀察前會談，會談中評鑑者與教學者除了討論教學脈絡，也要確認觀察工具，例如確認是否需要使用或修改工具三「教學觀察記錄表」（表 3A）。評鑑者尚需辨識教學者的關注，把教學者關注的問題轉換成可觀察的行為，也要同時辨別能促進教師教學之程序，進而協助教師設定自我改進的目標，並展現關懷、熱忱、不具威脅的情境與態度，然後不斷地以複述、澄清進行專業對話。同時注意下列事項（Acheson & Gall, 1997）：

1. 安排觀察前會談時，教學者與評鑑者務必建立信賴、合作的關係。
2. 第一次觀察前會談需費時較長（20-30 分鐘），隨後僅需 10-15 分鐘。
3. 安排會談地點最好選擇在中立、溫馨、舒適的場所，如諮商室或沒有學生上課的教室，校長室、教務處等均不宜。
4. 選定一個雙方都方便的時間進行觀察前會談，如彼此都沒有課務時或是放學之後的時段。
5. 選擇觀察的課堂，應讓教師有機會呈現評鑑規準的教學行為，或是教師所關注問題的解決，如關注問題是教師的發問技巧，就得安排有教師發問與師生共同討論的課堂。
6. 觀察工具要配合教師的關注，例如欲了解班級經營情形，可採用表 3A 中的 B1 和 B2 的二個評鑑指標的觀察與記錄即可。

7. 通知教師之後才進入教室，讓教學者做好準備並覺得受到尊重。為避免學生對評鑑者好奇或分散注意力，評鑑者的座位最好選擇在教室後方，必要時也可以起立移動至學生座位觀察。

肆．觀察前會談實例

下表（表 3-2）是任教於愛心國中七年級國文領域的傅平安（化名）老師邀請評鑑者李俊達老師入班觀察前所做的觀察前會談記錄內容。

表 3-2　觀察前會談記錄表（表 2A）

教學時間：96/4/17 第三節　教學年級：七年級　教學單元：愛蓮說
教材來源：課本及學習單　教學者：傅平安　觀察者：李俊達
觀察前會談時間：96/4/16 下午 16:30

一、教材內容：

本次課程為〈愛蓮說〉，主要內容在於透過植物外形及其生長特質，引申至該項植物的抽象意涵。

二、教學目標：

本次教學的教學目標包括以下三項：

1. 透過生活常見之植物，藉以深入了解其特質。
2. 引導學生了解課文意涵及其字詞解釋。
3. 引導學生學會從具體事物寫抽象意涵的寫作方法。

三、學生經驗：

本班學生剛升上國中。他們在小學的古文學習，以詩詞背誦為主。七年級上學期則是有兩次文言文的學習，第一次是《論語》的〈學而篇〉，第二次是〈晏子使楚〉。學生對於文言文雖然感覺較不熟悉也比較難，但是他們在課前都會預習，再加上教學過程的解說討論，多數學生在理解上並沒有困難。

四、教學活動：

本次教學的流程包括以下幾項：

1. 介紹生活中常見之植物及其特質：介紹梅、竹、藤類植物、菊、蓮之生長季節、環境及其特質。
2. 解釋「說」體及課文：「水陸草木之花」至「中通外直，不蔓不枝」。
3. 引導寫作：指導學生「由具體實物寫抽象意涵」寫作方法，說明學習單內容及作法。

五、教學評量方式：

本次教學以下列兩種評量方式，確定學生在三項學習目標上的狀況：

1. 上課過程中的問答。
2. 學習單。

六、觀察時所使用的評鑑指標：

本次教學觀察，使用規準為「教學專業發展評鑑系統」中「A-1」至「B-2」之各項檢核重點，共計兩個層面的9項指標。

七、觀察的工具和焦點：

本次觀察使用工具為「教學專業發展評鑑系統」之「教學觀察表」（表A3）。

八、回饋會談時間和地點：

4/17（週二）下午4:00至5:00，於愛心國中三樓圖書室。

第二節　教學觀察與回饋

教學觀察與教師最主要的工作——「教學」息息相關；教學觀察不但直接接觸教師的核心工作，亦可以有效地支持、協助、輔導教師改善教學工作表現。教學觀察者可以提供老師另一雙眼睛，以及作為老師教學生活中的批判性夥伴或諍友。

壹．教學觀察的目的

使用工具三：教學觀察表（表 3A ，詳見表 3-3）進行教學觀察，可以達成下列目的：

1. 便利評鑑者對未曾合作過的教師之教學表現，有一全盤性的了解。評鑑者觀察教師教學的現況，然後客觀具體地回饋給教師，協助其了解教學者在「課程設計與教學」、「班級經營與輔導」兩個層面中的 9 個評鑑指標、36 個檢核重點的教學行為的真實表現。
2. 協助教學者與評鑑者在填寫綜合報告表（表 5A）時，做合作性的決定。由教學觀察表（表 3A）所得的客觀性、描述性的紀錄資料，是用來作為填寫綜合報告表時，評估教師教學表現回饋分析的依據，以協助教學者了解自己教學上的優點和特色，給予肯定和讚美。
3. 對於教師在「課程設計與教學」、「班級經營與輔導」兩個層面上找到可以成長和改進的空間，引導其發現並提出解決行動策略。

4. 經由不斷的成長循環，教師對於教學工作保持熱忱及專業成長的承諾。

總之，透過教學觀察不但可以提供具體客觀、彌足珍貴的課堂資訊，像鏡子般協助教師發現教學上的優缺點，更能提供作為同儕輔導彼此相互學習的線索，是促進教師專業成長的重要手段。

貳. 教學觀察表的介紹

教學觀察表（表 3A）顧名思義就是一個觀察用的工具，本系統利用它來測量和分析教師在教室情境中有關「課程設計與教學」、「班級經營與輔導」兩個層面中的 9 個評鑑指標、36 個檢核重點的教學行為的表現。評鑑者使用本表入班觀察之前，必須先了解評鑑指標與檢核重點的意義（詳見附錄一），以及有關教學觀察記錄技術的訓練。

參. 使用教學觀察表應注意事項

教學觀察表的記錄方式，分量的畫記與質的描述兩部分。故此，表格左邊第一欄註明「評鑑指標與檢核重點」，第二欄是正、負向的「畫記」欄位；當教師的教學行為出現符合檢核重點的意義一次，則在正向欄位畫一橫，最多不超過 5 次（ 正）；當教師的教學行為不符合檢核重點的意義時，則在負向欄位畫一斜線，最多不超過 2 次（ // ）。正、負向次數不可以相互抵消。第三欄的「教師表現事實摘要敘述」評鑑者要靠自己眼觀、耳聽得到的具體訊息，以描述性語句來敘述。

表 3-3　教學觀察表（表 3A）

教師姓名：＿＿＿＿＿　任教年級：＿＿＿＿　任教科目：＿＿＿＿
課程名稱：＿＿＿＿＿　課程內容：＿＿＿＿＿＿＿＿＿＿＿＿＿
觀察者：＿＿＿＿　觀察日期：＿＿＿＿
觀察時間：＿＿＿＿至＿＿＿＿

評鑑指標與檢核重點	畫記		教師表現事實摘要敘述	結果			
	正向	負向		優良	滿意	待改進	不適用
A-1 精熟任教學科領域知識				□	□	□	□
A-1-1 正確掌握任教單元的教材內容							
A-1-2 有效連結學生的新舊知識							
A-1-3 結合學生生活經驗							
A-2 清楚呈現教材內容				□	□	□	□
A-2-1 說明學習目標或學習重點 *							
A-2-2 有組織條理呈現教材內容							
A-2-3 正確而清楚講解重要概念、原則或技能							
A-2-4 多舉例說明或示範以增進理解							
A-2-5 提供適當的練習以熟練學習內容							
A-2-6 設計學習情境啟發學生思考與討論							
A-2-7 適時歸納總結學習重點							

A-3 運用有效教學技巧				□ □ □ □
A-3-1 引發並維持學生學習動機				
A-3-2 善於變化教學活動或教學策略				
A-3-3 有效掌握教學節奏和時間				
A-3-4 有效使用教學媒體或電腦網路				
A-3-5 根據學生個別差異調整教學				
A-4 善於發問啟發思考				□ □ □ □
A-4-1 設計由淺而深的問題引導學生思考				
A-4-2 發問後待答時間適當（3秒以上）				
A-4-3 發問後能針對學生回答繼續延伸問題				
A-4-4 聽答後能歸納整理學生的回答				
A-5 應用良好溝通技巧				□ □ □ □
A-5-1 板書正確、工整有條理				
A-5-2 口語清晰、音量適中				
A-5-3 教室走動或眼神能關照多數學生				

A-6 善於運用學習評量				□ □ □ □
A-6-1 依實際需要選擇適切而多元的評量方式 *				
A-6-2 適時檢視學生的學習情形				
A-6-3 根據學習評量結果分析學習成效 *				
A-6-4 根據學生評量結果調整教學 *				
A-7 達成預期學習目標				□ □ □ □
A-7-1 學生學習專注				
A-7-2 學生能理解運用所學概念與技能				
A-7-3 學生能理解並悅納與學習活動有關的價值觀念				
B-1 建立有助於學習的班級常規				□ □ □ □
B-1-1 訂定合理的班級規範與獎懲規定				
B-1-2 維持良好教室秩序常規				
B-1-3 適時增強學生的良好表現				
B-1-4 妥善處理學生不當行為				
B-2 營造積極的班級學習氣氛				□ □ □ □
B-2-1 布置或安排適當的學習環境 *				
B-2-2 營造良好和諧的師生互動關係				
B-2-3 引導學生進行同儕合作學習				

【註】1. 畫底線部分（A-6-3、A-6-4）較宜於回饋會談確認。
2. 註記 * 號檢核重點（A-2-1、A-6-1、A-6-3、A-6-4、B-2-1）為有無問題，有則畫記正向兩次，無則空白。

評鑑者填寫描述性語句要使用具體客觀的描述，不能加上個人價值評判的語句。例如下列三種描述方法，以第一種描述最具體客觀；第二種描述還算客觀，但可以更具體；第三種描述則加上個人價值評判的語句，並不是良好的描述。

第一種描述：老師一上課就以「全班同學都準時進入教室，並且準備好上課所需要的學用品！不錯！很好……」的語句讚美班上學生。

第二種描述：老師一上課就讚美學生優良的行為。

第三種描述：老師班級經營做得很好，深得我心。

教學觀察表（表 3 A）第四個欄位，記錄觀察「結果」，分別以「優良」、「滿意」、「待改進」三個等第來評估教師教學行為的表現程度。至於如何判斷教師在每一評鑑指標上的表現程度呢？本系統建議由觀察者和教學者逐一就每個評鑑指標做回饋，討論出在每個指標上的優點和待改進之處之後，由觀察者和教學者共同協商做判斷。亦即觀察者和教學者共同審閱第二欄的畫記數量以及第三欄的文字描述後，如果覺得教學者已能「絕大部分」表現出該教學行為指標（在 8 成以上的檢核重點，教學者表現得很理想），請在「優良」一欄打勾；如果覺得教學者只能「大部分」表現出該教學行為指標（在 6 至 8 成的檢核重點，教學者表現良好），請在「滿意」一欄打勾；如果覺得教學者只能「少部分」表現出該教學行為指標（在 6 成以下的檢核重點，教學者表現得還算理想），請在「待改進」一欄打勾。

表格上畫底線部分（A-6-3、A-6-4）較宜於回饋會談確認。因為這二個檢核重點：「A-6-3 根據學習評量結果分析學習成效」以及「A-6-4 根據學生評量結果調整教學」，在現場教學時並不常出現，而常常是教學之後的活動，是故有賴觀察者在課後和教學者做會談討論時，詢問教學者的表現情形，然後將教學者的表現事實補登載入教學觀察表中。

表格中還有註記 * 號的檢核重點（A-2-1、A-6-1、A-6-3、A-6-4、B-2-1）在教學現場表現上常為有無出現的問題，而不會在教學過程中多次性、間歇性的出現。本系統的處理是：對這些檢核重點，有出現則畫記正向兩次，無出現則畫記空白。例如「A-2-1 說明學習目標或學習重點 *」的教學觀察，在觀察時很可能會發現教師在一節課的教學中只會出現一次，本系統為了說明教師已充分表現出該檢核重點，故以畫記二次示之（畫記二次以上，表示教師在該檢核重點已做到了）。

肆. 教學觀察表的實施程序

在進入教室觀察之前，評鑑者必須做好兩項準備工作：評鑑者和教師必須事先約好觀察的時間與地點；評鑑者必須告訴教師教室觀察的目的，然後和教師共同審閱觀察工具，並提醒教師事先告知學生進行教學觀察的時間與原由，請學生以平常心視之。在正式教室觀察時，則依據下列程序清單進行。程序清單包括時間、順序，以及評鑑者必須進行的行為事件。

時間（分鐘）	順序	行為事件：
00	1	·進入教室並尋找一個適當的座位。
01	2	·立即開始書寫基本資料及教室簡圖（方便回饋會談討論）。
04	3	·開始就每一個檢核重點，依序加以觀察並做記錄。為了使 36 個檢核重點都有被觀察到的機會，最好僅花費約 15 秒鐘在每個檢核重點上。
13	4	·開始不必依檢核重點的順序加以觀察。可以在任何適當的檢核重點欄內，記錄下所觀察到的教室事件。如果情況允許的話，可以移動觀察位置。
35	5	·在觀察表中，檢查是否有任何的教學行為欄仍為空白。然後試圖發現符合該檢核重點的新證據加以填寫。
39	6	·記錄觀察時間以及課程內容。
40	7	·安靜地離開教室；找一個不會受人打擾的安靜地點。
42	8	·重新謄寫所觀察到的證據；回想所觀察到的事件，增添新證據。
60	9	·完成所有程序。

現在詳加說明程序清單中的「行為事件」：

一、進入教室，尋找座位

教師可事先為評鑑者安排好座位（評鑑者的座位最好在教室後方或兩側以避免干擾教學）。當評鑑者進入教室時，教師不必中斷教學來歡迎或介紹進入教室的評鑑者。

二、開始書寫基本資料

評鑑者一進入教室，即應快速在記錄表上書寫教師姓名、日期等基本資料，如果時間允許也可以在記錄表的背面畫上教室的簡圖，方便回饋會談時討論。而教室簡圖應包括：學生的座次表、學習材料、教學設備及教學展示物的種類等。

三、開始就教室事件依 36 個檢核重點的順序，作有次序的觀察

這個次序允許 36 個檢核重點都有相同的機會被觀察記錄到。因為在每個檢核重點上，只能花費約 15 秒鐘，所以一旦觀察者發覺教師並沒有發生與某一檢核重點有關的事件時，就應跳過該檢核重點，隨後立即進行下一個檢核重點的觀察動作。也可以依觀察前會談時，所選定的評鑑規準與檢核重點進行觀察記錄。

四、觀察和繼續記錄

此時的觀察和記錄容許評鑑者有較大的自主空間。評鑑者可就他所看到的教室行為事件，記錄在適當的檢核重點欄內；假如評鑑者一時無法找到適當的檢核重點欄可資記錄，則評鑑者可以先行記錄在表格外的空白處，然後待離開教室之後，才尋找適當的檢核重點欄，予以轉登錄。記錄時要把握二個原則：第一，記錄要避免主觀的印象，而要記載客觀的事實。例如說「李老師上課音量夠大」，這是一個主觀的印象，這樣的陳述並不適宜，而應改成「李老師問全班學生

今天是幾月幾日，坐在最後一排的學生和前排學生一樣舉手回答……」。第二，記錄時宜愈具體詳盡愈好，這樣才能愈具有說服力。

五、檢查所有的空白欄

在 35 分鐘的連續觀察和記錄之後，可能仍有若干的檢核重點欄，未有任何記錄證據。此時評鑑者應尋找符合該等檢核重點的證據；如果仍然未能發現任何新證據，則在該等檢核重點欄留白。

六、記錄時間和課程內容

評鑑者在離開教室之前，應記下觀察時間以及觀察的課程內容。課程內容的敘述應儘量具體明確，例如「七年級語文領域的愛蓮說」、「數學領域：三年級小數的認識」。應儘量避免只記載「數學」、「語言」、「地理學」等學習領域名稱而已。

七、安靜地離開教室

只要對教師點頭表示想要離開教室的企圖即可，不必對教師說再見，以免干擾了教師的教學活動。

八、重新謄寫所觀察到的證據

在離開教室之後，評鑑者應立即找一個安靜的地點將教室中所做的速記或記錄不完整的句子，重新加以謄寫為意義明確的觀察紀錄。這個重謄後的觀察紀錄至少必須是受觀察教師所能看得懂的。為了達到這個目的，建議評鑑者在觀察時最好先以鉛筆在教室觀察表中作速記，然後再以鋼筆或原子筆重新謄寫過，將謄寫好的資料在黃金 48 小時內與教學者進行回饋會談。

伍．教學觀察表的實施實例

下表 3-4（表 3A）是任教於愛心國中七年級國文領域的傅平安（化名）老師邀請評鑑者李俊達老師入班觀察前所做的觀察內容。

表 3-4　教學觀察表（表 3A）

教師姓名：傅平安　任教年級：七年級　任教科目：國文
課程名稱：愛蓮說
課程內容：由植物外形意涵，帶出課文內容及寫作方法
觀察者：李俊達　觀察日期：96/4/17　時間：14:15 至 15:00

評鑑指標與檢核重點	畫記		教師表現事實摘要敘述	結果			
	正向	負向		優良	滿意	待改進	不適用
A-1 精熟任教學科領域知識			A-1-1 1. 老師上課過程能清楚說明課文內容。如「水陸草木之花」「可愛者甚蕃」。 2. 學生問「蓮花的潔身自愛和菊花的潔身自愛有什麼不同？」老師能立刻板書說明兩者抽象意義和其異同。 A-1-2 提醒學生在七上兩次文言文的學習經驗：《論語》和〈晏子使楚〉，協助學生學習。	☐	☐	☑	☐
A-1-1 正確掌握任教單元的教材內容	丅						
A-1-2 有效連結學生的新舊知識	一						
A-1-3 結合學生生活經驗							

A-2 清楚呈現教材內容				□ ☑ □ □
A-2-1 說明學習目標或學習重點 *	丅		A-2-1 一開始說明課程內容著重在「植物外形」、「象徵意義」等重點。	
A-2-2 有組織條理呈現教材內容	丅		A-2-2 1. 說明各種不同的植物及意義（梅、竹、菊、牡丹）。 2. 從「水陸草木之花」「可愛者甚蕃」開始，逐步說明課文內容。	
A-2-3 正確而清楚講解重要概念、原則或技能	丅		A-2-3 1. 以 ppt 說明各種植物外形與其所代表的意義。 2. 清楚解釋課文文體及內容。	
A-2-4 多舉例說明或示範以增進理解	丅		A-2-4 1. 老師舉出不同植物及所代表的抽象意義，協助學生歸納類化。例如用竹的中空代表人的謙虛。 2. 除了植物之外，還提出「烏龜」，說明它容易讓人聯想到動作緩慢者。	
A-2-5 提供適當的練習以熟練學習內容	一		A-2-5 老師拿出學習單，說明「象徵法」學習單。要求學生回家寫。	
A-2-6 設計學習情境啟發學生思考與討論				
A-2-7 適時歸納總結學習重點	丅		A-2-7 1. 介紹不同植物之後，歸納說明「植物外形和它們所代表的抽象意義」。 2. 歸納整理說明菊花和蓮花潔身自愛的異同。	

A-3 運用有效教學技巧				□ ☑ □ □
A-3-1 引發並維持學生學習動機	丅		A-3-1 1. 以 ppt 呈現生活中的常見植物，色彩鮮豔清晰。 2. 以「向日葵」說明老師自己的個性。	
A-3-2 善於變化教學活動或教學策略	丅		A-3-2 1. 活動一時，老師以講述法說明各種植物的外形特徵，再問學生植物所代表的抽象意義。 2. 在活動二，老師主要透過問答方式，請學生回答課文內容，有時再輔以講述說明。	
A-3-3 有效掌握教學節奏和時間			A-3-3 活動一原定 10-12 分鐘完成，實際超出約 10 分鐘。影響到最後一項教學活動	
A-3-4 有效使用教學媒體或電腦網路	丅		A-3-4 1. 透過單槍呈現植物圖片。 2. 以字卡呈現課文內容，在課文旁直接解釋。	
A-3-5 根據學生個別差異調整教學				

A-4 善於發問啟發思考				□ ☑ □ □
A-4-1 設計由淺而深的問題引導學生思考	ㄒ		A-4-1 老師呈現和各種植物有關的問題時，能由具體而抽象，例如「梅花生長的季節？梅花有什麼特質是其他植物所沒有的？它有什麼抽象意義？」	
A-4-2 發問後待答時間適當（3 秒以上）		／	A-4-2 老師待答行為不明顯。老師發問後，只要有學生舉手，就直接請其回答。例如老師問「植物的外形和所代表的抽象意義之間有什麼關係？」有一個學生舉手，老師立刻請其回答。	
A-4-3 發問後能針對學生回答繼續延伸問題	ㄒ		A-4-3 老師在學生說明植物外形之後，針對學生的回答繼續發問，例如「梅花在什麼季節開花？」學生回答冬天。老師接著問「冬天的氣候怎樣？」學生回答很寒冷。老師接著又問「梅花在寒冷的冬天盛開又代表一個人怎樣的個性？」	
A-4-4 聽答後能歸納整理學生的回答	ㄒ		A-4-4 1. 老師將各種植物象徵的意義，在師生問答之後，寫在黑板上。 2. 針對課文內容解釋問答之後，歸納整理說明菊花和蓮花潔身自愛的異同。	

A-5 應用良好溝通技巧			A-5-1 在黑板上寫「梅：冬……」，字寫得很擠、字體太小，觀察者在教室後面無法看清楚。 A-5-2 1. 觀察者坐在教室最後面，可以聽清楚老師的話。 2. 用語接近學生：例如「這樣瞭喔」、「不要裝傻」。 A-5-3 上課前、中兩個時段，老師用眼神關注左右兩名後排學生學習狀況，提醒他們注意上課。	□ ☑ □ □
A-5-1 板書正確、工整有條理		／		
A-5-2 口語清晰、音量適中	丅			
A-5-3 教室走動或眼神能關照多數學生	丅			
A-6 善於運用學習評量			A-6-1 教學過程透過問答、學習單等方式了解學生學習。 A-6-3 回饋會談時，老師表達學習單填寫之後，會根據象徵法的對照狀況，分析了解學生學習狀況。 A-6-4 回饋會談時，教學者表示在後續單元「五柳先生傳」，對於抽象意涵的介紹，會以與生活結合的方式呈現。	□ ☑ □ □
A-6-1 依實際需要選擇適切而多元的評量方式 *	丅			
A-6-2 適時檢視學生的學習情形				
A-6-3 根據學習評量結果分析學習成效 *	丅			
A-6-4 根據學生評量結果調整教學 *	丅			

A-7 達成預期學習目標			A-7-1 學生專注程度，在活動一約 80%；活動二約 90%。 A-7-2 學生對於課文內容的字詞義回答快速正確，例如老師問「晉陶淵明獨愛菊」的「獨愛」是什麼意思，學生幾乎在老師發問之後立刻回答：「特別喜歡」。 A-7-3 老師問學生「你們覺得可以用什麼植物代表自己？理由是什麼？」多名學生舉手回答，能夠清楚說明。	☑ ☐ ☐ ☐
A-7-1 學生學習專注	丅			
A-7-2 學生能理解運用所學概念與技能	丅			
A-7-3 學生能理解並悅納與學習活動有關的價值觀念	丅			
B-1 建立有助於學習的班級常規			B-1-1、B-1-2 要求學生尊重任課老師、鼓勵學生發表但不可離題，上課時學生言行，多能注意互動的分寸，即使有些不專心的學生（第一排最後一名學生），也能遵守班上規定，不干擾教學。 B-1-4 學生上課肢體動作表現出分心的狀況時，老師適時給予糾正，例如：「春艷，你狀況不好嗎？」「沒有。」「那就不要趴著。」	☐ ☑ ☐ ☐
B-1-1 訂定合理的班級規範與獎懲規定	丅			
B-1-2 維持良好教室秩序常規	丅			
B-1-3 適時增強學生的良好表現				
B-1-4 妥善處理學生不當行為	丅			

B-2 營造積極的班級學習氣氛			B-2-1 老師並未根據教學內容進行相關的環境布置。 B-2-2 上課時師生互動氣氛良好自然，下課時還有學生跑去抱住老師，說「好久不見」。	□ □ ☑ □
B-2-1 布置或安排適當的學習環境 *		//		
B-2-2 營造良好和諧的師生互動關係	丅			
B-2-3 引導學生進行同儕合作學習				

【註】1. 畫底線部分（A-6-3、A-6-4）較宜於回饋會談確認。
2. 註記 * 號檢核重點（A-2-1、A-6-1、A-6-3、A-6-4、B-2-1）為有無問題，有則畫記正向兩次，無則空白。

陸．回饋會談

教學觀察後，建議能在二日內，就所得到的教學觀察事實，和教學者進行回饋會談。回饋會談中評鑑者以客觀的觀察資料提供教師回饋，以溫馨和諧的語氣，引出教師的意見、感受及推論。整個回饋會談以教學者為中心，會談方式以傾聽、複述、澄清的方式進行，一方面肯定教師的教學表現，另方面找出教師可以成長改善的地方，最後就教師的教學表現程度做協商式、合作式的討論和判斷。其程序如下：

一、以客觀觀察資料提供教師回饋

評鑑者呈現教學觀察表的第二欄中量的畫記以及第三

欄中的文字描述，例如評鑑者可以說：「現在我們一起來看看我們所觀察或蒐集的資料。」接著進行量的畫記說明以及質性描述的說明及澄清。討論時，務必以質性資料的討論為主，以量化的畫記討論為輔。另外，評鑑者所呈現的觀察資料宜客觀、正確，以及和教學者所關注的觀察重點有關，而且要儘量避免主觀、不正確或者和教學者所關注的觀察重點無關者。例如，在客觀事實的描述上，「上課至 15 分鐘時，有 3 個學生離開座位，有 5 個學生在講話」之記錄，就遠比「上課秩序混亂」之描述，客觀具體多了。

二、引出教師的意見、感受及推論

評鑑者導引教師對資料的反應需要技巧與耐心，以不具威脅性的態度，配合下列問題：

- 「在 A1 這個評鑑指標上，您比較滿意的地方有哪些？」
- 「您覺得在 A1 這個評鑑指標上的表現，您可以調整或修正的地方有……？」
- 「在 A2 這個評鑑指標上，下次在教學時，你會重複使用哪些技巧？」
- 「在 A2 這個評鑑指標的教學上，你會做哪些改變使學生學得更成功？」

評鑑者以上列問題提問，來引導教學者做教學省思和對話之外，當教學者提出自己的意見與感受時，評鑑者除了要傾聽、同理，更要善用行為改變技術的三明治技巧，對於教師的良好表現給予「讚美」，鼓勵教學者自行提出改善的

「建議」，以及對於教學者的改變意願與成長規劃予以「增強」。

比較理想的情況是：觀察者在尊重教師專業自主權的前提下，鼓勵教學者自行提出自己教學的優點和特色以及待成長和改進的空間。當然，必要時，觀察者也可告知教學者的優點和待改善的地方，提供教師參考。

三、進行教學表現的判斷

最後，觀察者與教學者可以就教學者的教學表現，經由協商和討論的程序，逐一就事先選定的評鑑指標，做合理的判斷。協商如無共識，教學者可以表達、保留其意見。

至於上述判斷的參考標準是：觀察者和教學者共同審閱教學觀察表第二欄的畫記數量以及第三欄的文字描述後，如果覺得教學者在 8 成以上的檢核重點表現得很理想，可在「優良」一欄打勾；如果覺得教學者在 6 至 8 成的檢核重點表現良好，可在「滿意」一欄打勾；如果覺得教學者只在 6 成以下的檢核重點表現得還可以，可在「待改進」一欄打勾。

第三節　學生學習反應

由於學生最能夠提供教室事件的第一手資料，所以他們的意見對協助教師改進教學應有助益。「工具四：學生學習意見表（表 4A ，詳見表 3-5）」即是設計來蒐集這類資料的。基本上，它是一個蒐集教師教學行為表現資料的問卷；

表 3-5　學生學習意見表（表 4A）

教師姓名：＿＿＿＿＿＿　任教年級：＿＿＿＿＿＿
任教科目：＿＿＿＿＿＿
學生性別：男　女　　日期：＿＿＿＿＿＿

請想想看你的老師在上課時，有沒有常常表現像句子中所說的情形。
如果有，請在句子上面的括弧內打（○）
如果沒有，請在句子上面的括弧內打（Δ）

(　　) 1. 老師上課的內容，知識很豐富。(A-1)
(　　) 2. 上課時，老師會清楚說明上課內容重點。(A-2)
(　　) 3. 老師上課時，會用一些很好的方法或活動讓我學得更成功。(A-3)
(　　) 4. 上課時，老師很會問問題，讓我更努力學習。(A-4)
(　　) 5. 老師上課講的話和他的動作，我都能了解。(A-5)
(　　) 6. 老師會用學習單、問問題，或是其他考試的方法，來了解我學會了沒有。(A-6)
(　　) 7. 上課時，老師希望我學會的，我都能學會。(A-7)
(　　) 8. 上課時，班上同學的秩序都很好。(B-1)
(　　) 9. 我們上課的氣氛很好，同學學得很快樂。(B-2)

最後，我還想對老師說：

且所有的題目都與「課程設計與教學」的七個指標與「班級經營與輔導」二個評鑑指標相對應，每個指標的內容都經過改寫，以方便學生閱讀理解。至於此一學生學習意見表是否需要填寫，可尊重教學者的意願。所要填寫的評鑑指標依觀察前會談時選擇的評鑑指標。

壹．實施學生學習意見表的目的

學生學習意見表的內容，是詢問學生對某些特定的教室事件的了解和反應，所以它和教學觀察表一樣，都是尋求客觀性的反應，而不是主觀性的意見。不過和教學觀察表不同的是，學生學習意見表中所有的問題都是正向敘述的，評鑑者不能從學生的問卷反應中，得到具體的負向資料。

貳．實施學生學習意見表的注意事項

在使用學生學習意見表時，最重要的是要確保所蒐集資料的客觀、公正、有效和匿名性。以下九點需特別強調：

1. 受試學生可以是全班，也可以是隨機抽樣的部分學生，惟為增加其有效性，受試樣本不得少於十名學生。
2. 儘量使受試學生不必書寫文字（包括學生姓名），並使用同類書寫工具，以確保學生能匿名填答。例如全班都使用鉛筆或全部使用藍色原子筆。
3. 實施程序及對學生的作答指導必須嚴格遵守，任何違反要求的施測行為皆可能使資料失效。
4. 應確保學生在不受任何壓力或侵擾的情境下填答。

5. 收回報告表時，不能有任何危及學生資料匿名性的舉動。最好先請學生將報告表由內對摺，然後委請一位學生收齊成疊。
6. 對於報告表中難懂的字句，必須依學生的成熟程度加以朗讀、解釋。
7. 鼓勵學生誠實作答。
8. 施測者不能由教學者擔任，建議由評鑑者擔任較佳。
9. 施測的時間約需花費 5 至 10 分鐘。

參．學生學習意見表的實施程序

一、複製所需的材料：與所欲深入分析的評鑑指標相對應的項目。

二、規劃學生學習意見表的施測程序和組織：

1. 決定誰將主持施測工作（通常為評鑑者）？如何施測？以及是否以全班學生為樣本？
2. 施測人員閱讀施測注意事項，標示出需要向學生說明解釋的部分，並確定自己對各評鑑指標的解釋皆清楚。
3. 規劃如何保障學生匿名回答。施測人員必須考慮下列四點：
   (1) 提供受測學生相同的書寫工具，例如同規格的鉛筆。
   (2) 學生作答時，施測人員如非絕對必要，應避免檢視學生作答情形。
   (3) 俟全部學生均填答完畢後，委由其中一位收齊。

(4) 學生報告的基本資料欄可由施測人員事先填寫，如教師姓名、任教年級、任教科目、日期，以避免學生的筆跡被識出；若未能事先填妥，事後亦宜委由不知情的第三者重新謄寫，並擦去學生的筆跡。

三、進行工具施測和回收工作。施測時，必須依計畫保障學生能匿名作答。

1. 向學生簡介施測工具，並說明施測目的及用途。鼓勵學生坦率、誠實地作答。
2. 向學生強調應依事實回答問題，而非主觀的評定。
3. 向學生解釋各題項的內容。解釋內容必須配合學生的成熟程度，並且保持客觀性，務使學生對各題項的內容有充分正確的了解。
4. 向學生保證可以匿名作答，絕對不會被認出。
5. 要求學生仔細閱讀和傾聽教師的說明，並強調應根據個人的經驗，不需聽取其他同學意見。
6. 重申作答的方式：「在句子上面的括弧內，以○或△表示教師上課的情形」。

四、完成學生學習意見表（表 3-6）之後，施測者（評鑑者）製作一個學生反應的摘要：各題先畫記次數，再記錄在題項左方的方格內。男女學生的回答反應，應分別畫記。作摘要的方式，請參見表 3-7。

五、將學生學習意見表的結果摘要表（表 3-7）轉錄於綜合報告表中，俾作為教師教學表現的輔助判斷之用。

表 3-6　學生學習意見表（表 4A）

教師姓名：傅平安　　任教年級：七

任教科目：國文

學生性別：男　女　　日期：96/4/16

請想想看你的老師在上課時，有沒有常常表現像句子中所說的情形。
如果有，請在句子上面的括弧內打（○）
如果沒有，請在句子上面的括弧內打（Δ）

（○）1. 老師上課的內容，知識很豐富。（A-1）
（○）2. 上課時，老師會清楚說明上課內容重點。（A-2）
（Δ）3. 老師上課時，會用一些很好的方法或活動讓我學得更成功。（A-3）
（○）4. 上課時，老師很會問問題，讓我更努力學習。（A-4）
（○）5. 老師上課講的話和他的動作，我都能了解。（A-5）
（○）6. 老師會用學習單、問問題，或是其他考試的方法，來了解我學會了沒有。（A-6）
（○）7. 上課時，老師希望我學會的，我都能學會。（A-7）
（Δ）8. 上課時，班上同學的秩序都很好。（B-1）
（○）9. 我們上課的氣氛很好，同學學得很快樂。（B-2）

最後，我還想對老師說：
1. 您上課時會補充許多東西，讓我們可以學習更多，我們的關係也不只是師生，也有點像朋友喔！
2. 老師上課時有一種很努力的感覺，而且很有趣，您會替我們講解許多我們不知道的問題。但是希望您上課不要太大聲，因為您有時小聲、有時大聲，真的會嚇到我！

表 3-7　學生學習意見表結果摘要表

教師姓名：傅平安　　任教年級：七
任教科目：國文
學生性別：男　女　　日期：96/4/16

請想想看你的老師在上課時，有沒有常常表現像句子中所說的情形
如果有，請在句子上面的括弧內打（○）
如果沒有，請在句子上面的括弧內打（Δ）

男	女	小計	
15	17	32	1. 老師上課的內容，知識很豐富。（A-1）
14	17	31	2. 上課時，老師會清楚說明上課內容重點。（A-2）
11	9	20	3. 老師上課時，會用一些很好的方法或活動讓我學得更成功。（A-3）
13	14	27	4. 上課時，老師很會問問題，讓我更努力學習。（A-4）
13	14	27	5. 老師上課講的話和他的動作，我都能了解。（A-5）
15	17	32	6. 老師會用學習單、問問題，或是其他考試的方法，來了解我學會了沒有。（A-6）
13	11	24	7. 上課時，老師希望我學會的，我都能學會。（A-7）
7	11	18	8. 上課時，班上同學的秩序都很好。（B-1）
13	16	29	9. 我們上課的氣氛很好，同學學得很快樂。（B-2）

第四節　綜合報告表

壹. 綜合報告表的介紹

綜合報告表（表 5A，詳見表 3-8）是一張資料分析表。它綜合了教師自評、教學觀察和學生學習意見等所蒐集到的資料，供教師和評鑑者診斷分析：(1) 教師已具備之教學能力和成就；(2) 教師尚需加強的能力。綜合意見表所得到的結果，對教師往後在「教師專業成長」階段的定向影響重大，其重要性絕對不容忽視。

綜合報告表含有課程設計與教學層面的七個評鑑指標，以及班級經營的二個評鑑指標表現程度的勾選與質的描述，先請評鑑者將「教師自評表」、「教學觀察表」、「學生意見調查表」所得到的結果轉錄於表中相對應欄位，然後在各項評鑑指標上，由評鑑者與教學者經協商討論的過程，逐一判斷受評鑑教師是否具備能力、是否需要成長。最後再經由教學者與評鑑者討論後，在總評意見中，補充說明受評鑑教師整體表現的優劣得失以及具體成長建議。

表 3-8　綜合報告表（表 5A）

壹、基本資料

教師姓名：＿＿＿＿＿　任教年級：＿＿＿＿＿

任教科目：＿＿＿＿＿　日期：＿＿＿＿＿

貳、填寫說明

請評鑑者將「教師自評表」、「教學觀察表」、「學生意見調查表」所得到的結果轉錄於表中相對應欄位，然後在各項評鑑項目上，逐一判斷受評鑑教師是否具備能力（已具備能力者打＊）、是否需要成長。最後再經由與受評鑑教師的討論後，在總評意見中，補充說明受評鑑教師整體表現的優劣得失以及具體成長建議。

層面	評鑑指標	教師自評			教室觀察			學生意見		是否具備能力	是否需成長
		優良	滿意	待改進	優良	滿意	待改進	多數支持	少數支持		
A 課程設計與教學	A-1 精熟任教學科領域知識										
	A-2 清楚呈現教材內容										
	A-3 運用有效教學技巧										
	A-4 善於發問啟發思考										
	A-5 應用良好溝通技巧										
	A-6 善於運用學習評量										
	A-7 達成預期學習目標										

層面	評鑑指標	教師自評			教室觀察			學生意見		是否具備能力	是否需成長
		優良	滿意	待改進	優良	滿意	待改進	多數支持	少數支持		
B 班級經營與輔導	B-1 建立有助於學習的班級常規										
	B-2 營造積極的班級學習氣氛										

總評意見（請說明受評鑑教師整體表現的優劣得失以及具體成長建議，如果空白不夠填寫，請自行加頁）：

1. 受評鑑教師優點是：

2. 受評鑑教師待成長的地方是：

3. 具體的改進建議是：

貳. 綜合報告表的實施程序

依據綜合報告表（表 5A）的第一、二欄係記錄評鑑層面與評鑑指標，第三、四欄位是記錄「教師自評」和「教室觀察」，第五欄位是記錄學生意見，最後兩欄是記錄教師是否具備能力與是否需要成長之設計，請評鑑者與受評鑑者將「教師自評表」、「教學觀察表」所得到的結果轉錄於表中相對應欄位，然後在各項評鑑項目上，逐一判斷受評鑑教師是否具備能力，如果第三、四欄位呈現結果均屬「優良」，表示教師自評與教學觀察的判斷一致，即代表受評鑑者已具備該評鑑指標的能力，請在「是否具備能力」欄位打上＊；如果第三、四欄位均屬「滿意」或「待改進」，表示教師自評與教學觀察的判斷亦相當一致，請在「是否需要成長」欄位打上＊（表示需要成長）。

第五欄位係記錄學生對教師教室教學的反應，也就是「工具四：學生學習意見表」中的畫記次數。當第三欄與第四欄意見不一致時，便可使用此欄的資料做輔助判斷。惟是否使用，由教師做最後的決定。

若教師決定使用學生學習意見表資料，第五欄的「學生學習意見表」中的畫記次數，就可進一步用於提供選擇「是否具備能力」與「是否需要成長」的參考。受評鑑者和評鑑者可以依據畫記次數的多寡，運用「以學生資料來解決第三、四欄中不同意見之建議表」（表 3-9），討論彼此在各個評鑑指標的評估結果，確定「是否具備能力」或「是否需要成長」。

表 3-9　以學生資料來解決第三、四欄中不同意見之建議表

意見不一致情況		診斷	
第 3 欄	第 4 欄	假如僅有少數學生勾選該教學行為指標	假如多數學生勾選該教學行為指標
待改進	優良	需要成長	不確定 *
優良	滿意	不確定	不需要成長
優良	待改進	不確定	不確定
待改進	滿意	需要成長	需要成長 **
滿意	優良	不確定	不需要成長
滿意	待改進	需要成長	需要成長

* 如果診斷為不確定，則再做一次觀察。
** 如果診斷為需要成長，則需訂定成長計畫，進行成長。

參．綜合報告表的實例

表 3-10 是任教於愛心國中七年級國文領域的傅平安（化名）老師，邀請評鑑者李俊達老師進行教學評鑑後所做的綜合報告表。

表 3-10　綜合報告表（表 5A）

壹、基本資料

教師姓名：傅平安　任教年級：七
任教科目：國文　日期：96/4/17

貳、填寫說明

請評鑑者將「教師自評表」、「教學觀察表」、「學生意見調查表」所得到的結果轉錄於表中相對應欄位，然後在各項評鑑項目上，逐一判斷受評鑑教師是否具備能力（已具備能力者打＊）、是否需要成長。最後再經由與受評鑑教師的討論後，在總評意見中，補充說明受評鑑教師整體表現的優劣得失以及具體成長建議。

層面	評鑑指標	教師自評			教室觀察			學生意見		是否具備能力	是否需成長
		優良	滿意	待改進	優良	滿意	待改進	多數支持	少數支持		
A課程設計與教學	A-1 精熟任教學科領域知識		✓				✓		✓		是
	A-2 清楚呈現教材內容	✓				✓		✓		*	
	A-3 運用有效教學技巧		✓			✓		✓			是
	A-4 善於發問啟發思考	✓				✓		✓		*	
	A-5 應用良好溝通技巧	✓				✓		✓		*	
	A-6 善於運用學習評量		✓			✓		✓			是
	A-7 達成預期學習目標		✓		✓			✓		*	
B班級經營與輔導	B-1 建立有助於學習的班級常規	✓				✓			✓	（不確定）	
	B-2 營造積極的班級學習氣氛	✓					✓	✓		（不確定）	

總評意見（請說明受評鑑教師整體表現的優劣得失以及具體成長建議，如果空白不夠填寫，請自行加頁）：

1. 受評鑑教師優點是：

從老師自評、觀察者記錄以及學生學習意見來看，傅老師在「A-2 清楚呈現教材內容」、「A-4 善於發問啟發思考」、「A-5 應用良好溝通技巧」等三項指標有良好的表現。例如在呈現教材時，能夠有條不紊、逐步引導學生從具體到抽象、從簡單到複雜，在重要概念的掌握及講解上，也可以看出老師的用心及對教材的精熟。

2. 受評鑑教師待成長的地方是：

傅老師在「A-1 精熟任教學科領域知識」有改進的空間，在A-1 的三項檢核重點之中，以「A-1-1 掌握教材內容」表現最為突出，不過在「A-1-2 有效連結學生的新舊知識」以及「A-1-3 結合學生生活經驗」等兩項檢核重點，表現則比較不明顯。

3. 具體的改進建議是：

根據各項資料，決定選擇「A-1 精熟任教學科領域知識」作為專業成長的方向，在回饋會談過程中，傅老師表達個人對於「A-1-3 結合學生生活經驗」的重視及關切，因此決定以該項檢核重點為擬定及執行專業成長計畫的核心。相關活動規劃請見專業成長計畫表。

第 4 章

評鑑程序
——階段三：成長計畫

教師對於其教學的適切性與正當性必須隨時進行批判反省，才足以改革教學、促進教師專業成長、提升教學品質。教學省思是一種主動持續、仔細思考的內隱性歷程，經由此種歷程，教師對本身的專業知識、表現和信念，不斷地反省、思考、批判、辯證，才能重新組織與建構教學經驗並改進教學實務，提升教師專業成長。本系統協助教師進行教師自我評鑑、評鑑者入班觀察等，係一種發現問題、蒐集資訊、自我省思、成長改變的歷程，惟教師專業發展評鑑要發揮功效，必須在最後一個階段上，著力於規劃與執行專業成長計畫，才能竟全功。

本章分二小節說明如何「擬訂專業成長計畫」，以及「實施專業成長計畫」。並於文中先介紹教師擬訂與實施專業成長計畫所使用的工具：「專業成長計畫表」(表 6A)。

第一節　擬訂專業成長計畫

壹．專業成長計畫表介紹

教師專業成長計畫（表 6A ，詳見表 4-1）可供受評鑑者和評鑑者共同以具體的文字記載：(1) 受評鑑教師可以採行的專業成長活動；(2) 完成每個活動的預定時間表；(3) 評鑑者必須提供給受評鑑教師的協助之種類。

準備成長計畫，必須緊跟著完成「教師自評表」或者「綜合報告表」之後，立即執行。每一張專業成長計畫表，僅適用於一個需要成長的評鑑指標。因此，假如教師需要成長的評鑑指標不止一個，則需要不止一張的計畫表。如果專業成長計畫是根據「綜合報告表」結果而來，則受評鑑教師和評鑑者在此時，手頭必須各備有一份詳細記錄後的「綜合報告表」；如果訂定專業成長計畫係根據教師自評表而來，則此時必須各備有一份記載完整的「教師自評表」。此外，在專業成長計畫之前，受評鑑教師和評鑑者必須熟悉學校現有的資源和「教學專業發展系統」成長活動系列，以便有效地規劃教師專業成長方案。最後，如果受評鑑教師和評鑑者共同決定將採用某種特定教材，則必須把這個教材的名稱，記載在計畫表上。

貳．成長計畫中的發展層次

Harris 與 Hill（1982）主張在計畫成長活動和選擇資源時，受評鑑教師必須考慮成長活動的發展層次。如圖 4-1 所示，教學技巧的發展層次可以由低到高分為「知道」、「探究」、「試驗」、「建立」、「決定」等五個層次。每個層次所進行的成長活動類型，各不相同。例如，在「知道」層次上，較適宜進行的活動計有：閱讀和研討、參與討論會、觀賞影片和錄影帶、參加筆試等。當然，教師必須從已經掌握的教學行為層次開始著手，然後往下一個層次發展，直到經常廣泛地使用為止。

4-1 專業成長計畫表（表 6A）

教師姓名：＿＿＿＿＿＿ 學校名稱：＿＿＿＿＿＿
任教年級：＿＿＿＿＿＿ 任教科目：＿＿＿＿＿＿

1. 指出教師已有的教學成就
（參考「教師自評表」〔表 1A〕或「綜合報告表」〔表 5A〕之後，註明教師已具備能力的評鑑指標代號）

已具備能力的評鑑指標

2. 指出教師需要成長的評鑑指標（一個評鑑指標請用一張表格）

需要成長的評鑑指標				
發展層次	選定的成長活動 （列舉可以採行的活動）	合作人員	預定完成日期	實際完成日期

教師簽名：＿＿＿＿＿＿ 檢討會議
評鑑者簽名：＿＿＿＿＿ 日期：＿＿年＿＿月＿＿日

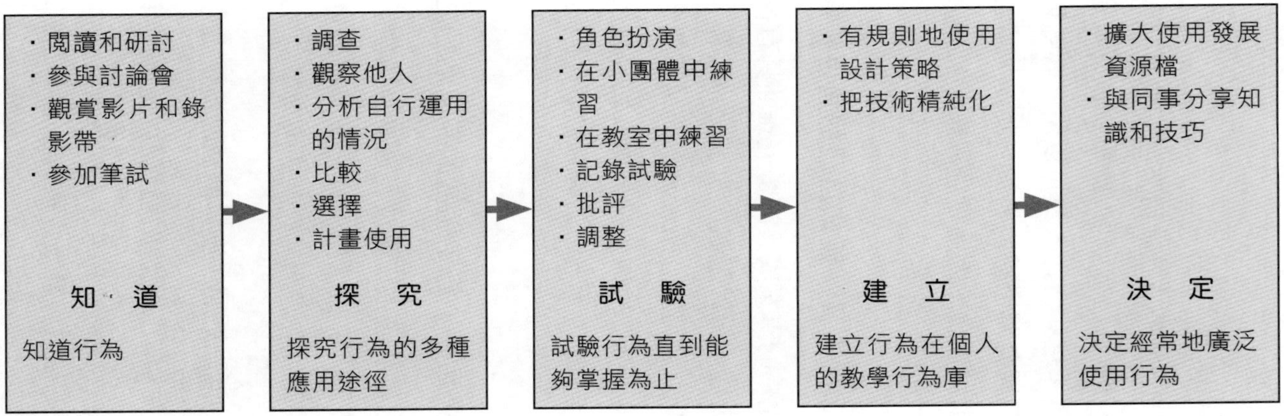

圖 4-1　教師教學專業能力成長活動發展層次

資料來源：Harris & Hill, 1982, p.55.

參．成長計畫的注意事項

教師專業成長計畫是被設計用來增進教師的教學行為。為了確保教師順利進行成長活動，評鑑者必須為受評鑑者安排適當的合作人員。這些合作人員可以幫助教師蒐集教材、安排會議，或是協調有關機構或人員。此外，還必須為教師執行既定改進活動做見證。因此實施專業成長計畫必須注意下列事項：

一、使每個參與人員，確知自己的角色職責

一份已填妥完畢的專業成長計畫表雖然具有行動指南的功能，但是要實踐這一份計畫表，尚須受評鑑者、評鑑者和所有合作人員，投入足夠的心血。為了便利每個參與人員確知自己的角色職責，每個參與人員都應收到一份已填妥完畢的專業成長計畫表。當然，表中最好以紅筆註明每個參與人員的角色職責。

二、慎選成長活動，訂定適當的完成活動之期限

受評鑑者和評鑑者必須慎選成長活動。這些活動不能過於繁多或者不切實際。完成活動的期限則必須儘量寬裕，但不可因為拖延過久而失去了激勵教師改進教學的原動力。

三、於較長的活動期間，安排數個較為簡短的檢討會議

最後，如果檢討會議擬定於數週或數月之後才舉行的話，為了有效督導成長活動的如期進行，評鑑者可以在這段期間安排數個較為簡短的檢討會議，作為執行活動的檢核重點。

四、訂定成長計畫所需時間

受評鑑者和評鑑者必須最少花費 1 小時的時間，來完成一份專業成長計畫表。當然如果使用時間愈多，則愈可以容許參與人員在訂定成長計畫表這個程序有更多思索規劃的時間。

肆．成長計畫的程序

實施成長計畫的程序分下列四個程序：

◎程序一

複製所需材料：

1. 對於每個需成長的評鑑指標，各需一張成長計畫表；至於何者為需成長的評鑑指標，必須由被評鑑者來決定。
2. 每個「教學專業發展評鑑系統」參與人員需有一份在階段二中所完成的「綜合報告表」；或是一份在階段一所完成的「教師自評表」。
3. 學校現有的資源檔卡或是網路上相關教學資源檔的訊息。

◎程序二

1. 評鑑者完成專業成長計畫的基本資料部分，如姓名、學校等。
2. 參考「綜合報告表」的第六欄記錄後，在「成長計畫表」的第一欄註明教師「已具備能力」的評鑑指標代號。）

3. 從「綜合報告表」的第七欄，依其成長優先順序轉錄教師需成長的評鑑指標代號及全名。

◎程序三

1. 就欲成長的評鑑指標，決定擬開始著手的發展層次。為了決定適宜的發展層次，教師應自問自答下述問題：

   ⑴ 我是否知道這個評鑑指標所需的教學行為？

   ⑵ 我是否已經探究了行為的多種應用途徑？

   ⑶ 我是否已經試驗了這個教學行為直到能掌握為止？

   ⑷ 我是否已經建立了這個行為在個人的教學行為庫？

   ⑸ 我是否已經決定經常地使用這個教學行為？

   如果教師對某題的答案是「否」的話，則教師應從那題的層次開始著手進行成長活動。

2. 參閱學校現有的資源檔卡。記住教師在每個評鑑指標的檢核重點著手發展層次。就資料檔卡，或是網路上相關教學資源檔（如國立教育資料館教師專業成長服務系統），選擇適合發展層次的活動教材。

3. 參閱成長活動系列的資訊（如圖 4-1）。討論各種可行活動及其教材。選擇那些既實際可行又能幫助教師獲得最大改進效果的活動。

4. 依邏輯順序安排已選擇的成長活動。從最低層次到最高層次依次安排妥當。

5. 依順序在專業成長計畫的第二欄列舉教學成長活動。
6. 決定每個成長活動的預定完成日期，及其負責協助完成的合作人員。將這些決定記錄在專業成長計畫之適宜欄位內。

◎程序四

1. 決定何時進行檢討會議。在專業成長計畫的底部註明檢討會議的時間和日期。
2. 請受評鑑教師和評鑑者在專業成長計畫簽名欄中簽名。簽名完成後，即開始進行實施成長計畫。

伍．專業成長計畫實例

下表（表 4-2）是任教於愛心國中七年級國文領域的傅平安（化名）所做的教師專業成長計畫範例。傅老師主要針對綜合報告表中所呈現需成長的規準：「A-1 精熟任教學科領域知識」中的「A-1-3 結合學生生活經驗」，規劃一系列的成長活動。

表 4-2　專業成長計畫表（表 6A）

教師姓名：傅平安　　　　學校名稱：愛心國中

任教年級：七年級　　　　任教科目：國文

1. 指出教師已有的教學成就

（參考「教師自評表」〔表 1A〕或「綜合報告表」〔表 5A〕之後，註明教師已具備能力的評鑑指標代號）

已具備能力的評鑑指標
A-2、A-3、A-4、A-7

2. 指出教師需要成長的評鑑指標（一個評鑑指標請用一張表格）

需要成長的評鑑指標				
A-1 精熟任教學科領域知識 A-1-3 結合學生生活經驗				
發展層次	選定的成長活動 （列舉可以採行的活動）	合作人員	預定完成日期	實際完成日期
知道	1. 閱讀黃錦鋐（民 86）。國文教學法。臺北市：三民。 2. 請教同校國文科陳奇偵老師，在課程設計時應該注意哪些重點，以及如何將課程內容結合學生生活經驗。 3. 在領域會議中以「課程與學生生活經驗」為主題，請參與會議老師提出意見及作法，提供教學者參考。	陳奇偵 李俊達	96/05/03	96/05/05

探究	1. 觀摩陳奇偵老師國文教學，探討如何將學理落實於教學。 2. 現場觀摩之後，再針對陳老師的教學錄影，分析她如何將課程結合學生生活經驗。	陳奇偵	96/05/12	96/05/15
試驗	1. 以下一次文言文課程——〈五柳先生傳〉為教學主題，嘗試從生活環境、社會變化等角度著手，結合學生目前生活經驗，體會課文意義。 2. 請趙文中老師協助錄影，錄影之後分析自己是否能確實結合課文內容與學生生活經驗。	趙文中	96/05/29	96/06/01

教師簽名：傅平安　　　　　　檢討會議
評鑑者簽名：李俊達　　　　　日期：96年6月3日

第二節　實施專業成長計畫

在擬訂成長計畫階段，受評鑑者和評鑑者已經共同決定了所要採行的專業成長活動。在實施成長計畫的這一階段，就必須依照約定的計畫，努力實施成長計畫，並且在實施成長計畫之後，依照原來預定的日期，召開檢討會議。在檢討會議中，參與「教學專業發展評鑑系統」人員首先要鼓勵教師新近完成的成就。鼓勵的方式係頒發給教師一份成就證書

（如表 4-3）。

如果受評鑑者和評鑑者都同意：雖然經過既定的改進活動，仍有某些教學弱點未獲得充分的改善。則在此時，受評鑑者和評鑑者可以決定重新研擬另一個專業成長活動計畫，或者延長成長活動的實施時間。前者需要重新進行擬訂專業成長計畫；後者則需決定延長的期限以及另一次檢討會議的日期。

表 4-3　教學專業發展評鑑系統成就證書

教學專業發展評鑑系統成就證書

字第　　號

茲證明傅平安老師已經參與「教學專業發展評鑑系統」個人專業成長方案，並在下述教學行為展示其教學成就。

A1　精熟任教學科領域知識

傅平安老師的上述教學表現係在愛心國民中學所完成

校長　吳長江

局長　吳靜山

中華民國九十六年十二月三十一日

第 5 章

教學專業發展評鑑實例

第一節　持續專業精進的康心怡老師

壹．教學生涯的成長累積

驀然回首，當年愛和同伴玩著「老師與小朋友」遊戲的「小老師」，如今已被學生們叫了 25 年的「老師」。回顧這段生涯歷程主要可分為三個階段，其中亦包含許多課題，一路引領我反躬自省、勇敢向前！

第一階段～菜鳥老師的自省

自臺師大畢業後，一個甫踏出校門的畢業生，對複雜的私校環境尚不了解，就不知天高地厚的進入私立的高職服務，六年期間從私立高職到私立高中，共轉換了兩個工作環境；也因為私校的聘任制度，導致工作型態各掃門前雪的部分多過協力合作的教學提攜。我這個「菜鳥」導師的教學所得，除了練就叨唸功夫外，就是奉行前輩老師傳授的「殺

初執教鞭時期的我與一群大孩子們

雞儆猴」以及「體罰」等教學方式。誤認為「猴」會因為「雞」而收斂違規的行為，殊不知這樣帶班方式及教學效果反讓自己愧對於心、苦不堪言！如今想來，對當年的學生有許多愧疚，我的自不量力，未能將學生引領到更佳的學習狀況。

幸而危機就是轉機，外婆的一場重病，成了我毅然決定離開私校環境的最大關鍵，也讓我想清楚未來該走的路；這段時間的經歷，對我日後決心腦筋清醒的面對生活有決定性的影響。同時，也促使我進入公立小學服務後，重視學生學習態度，以及品格的培育；對於教育工作夥伴之間的真誠互動與相互提攜格外珍惜！

第二階段～貴人圍繞的茁壯與奠基

轉換空間後，於民國 78 到 89 年服務臺北市麗山國小，11 年的洗禮，孕育我成為一位有自信的教師，並使我確定了「教師」是自己值得奉獻一生的志業！此期間有三位貴人對我日後的教學及帶班有莫大的影響。其一是引領我進入小學服務的黃幼蘭校長，在其熱心誠懇的帶領下，教師同仁們凝結成一個感情濃厚且願意互相合作的麗山大家庭，如此氛圍與互動方式，對我日後凝聚教學夥伴的情感、帶動專業成長的影響有莫大的助益。其二是麗山國小第二任

與黃幼蘭校長合影

陳寶山校長，亦是我班級經營的啟蒙老師，而其令我印象最深刻的就是「班級經營要讓每個學生忙起來」這句話，讓我日後在班級經營時會關注到每個學生的能力增長。其三則是在麗山教學第十年時進入我班實習的羅忠良老師，因為他的積極與認真，督促我該不斷成長，使我第一次體會了「薪火相傳」的使命感！

第三階段～共修教育福田的薪火相傳

民國 89 年之後，是我啟動個人專業成長步伐最積極的階段，其中兩項研習更是改變我往後十年的教師生涯：

其一是參加「臺北市發展性教學輔導系統」的研習，其內涵主要是透過同儕教學觀察協助提升教學技巧，例如：發展性教學檔案可以將教學觀察的相關資料作彙整、教師教學行動研究可以協助教師解決教學困境等。這套系統讓我茅塞頓開、找到教師成長之路，因而投身其中且樂此不疲，在這個系統的主持人── 張德銳教授的提攜引領下，更讓我有機

與張德銳教授及教學導師合影

會在「發展性教學輔導」相關的研習中接受教師專業訓練，並在實務工作中磨練，為教授分擔部分工作。隨著近十年的參與累積，目前協助教授分擔的工作是擔任「臺北市發展性教學輔導系統」、「臺北市發展性教學檔案」、「臺北市教學輔導教師」、「教育部教師專業發展評鑑」等研習講師，向更多的教師分享自己成長歷程與實務經驗，協助推動教師的專業發展。

其二是與實習教師忠良一起參與臺北市永安國民小學籌備處許銘欽校長所主持的「教學模式設計工作坊」，在每月一次的周三下午為期一年的研習活動。也因此結識了許校長、黃玲玲主任及當時參與建校的張蘭環主任與張寅傑主任，對於四位教育先進投入創校的歷程深感欽佩！此外，研習歷程中，許校長要求參與教師們運用不同的模式設計教學方案，並回到各自學校實際教學後再帶回研習會場分享與修正，如此紮實的研習活動，讓我與實習教師忠良在教學設計與教學觀察的過程中增加許多互動的機會，除奠定我後來輔導實習教師的基礎外，亦讓我對課程設計及教學模式產生新的思維與嘗試突破的勇氣，對個人專業提升方面有很大的助益。如此機緣，也促使我毅然的於民國 89 年轉戰至甫創校的北市永安國小服務，一切從零開始，從教室內的空間規劃至教學課程的內容和架構等細節，都需要教師們付諸心力去規劃發展。在此當下的我，更受命擔任「課程召集人」、「領域召集人」、「教學輔導教師」等工作，除了擔任級任教師經營班級並與學年夥伴規劃實施「學期教學計畫」外，亦要參與研討和規劃校本課程的架構，這是之前未曾有的歷練，也讓我在這些經驗中學會面對困境的毅力及對夥伴們的信任與包容！而這對我的教師工作大有助益，使我可以同理家長進行溝通、耐心處理人與事、願意等待學生的成長等；同時，我也深刻體悟培養學生勇敢面對困境的重要性。

這二項重要的研習經歷，皆帶給我教學專業上的持續發展，且促使我進入教師生涯中的新里程。第一個里程是培養

赴他校進行教師專業發展的經驗分享

與教學導師培訓班學員作經驗分享

運用有效的策略提升教師自己並幫助他人的能力；第二個里程則是驅使自己在既有的教學知能外發展教師專業課程設計與研究的能力。而這二個面向也是個人教師生涯中至今仍不斷努力與精進的課題。

教育工作，原是一場人生的饗宴、一段人生的旅程。願意投注心力的教師，可以彩繪自己、同儕以及學生的生涯，成就自我，成就學生。永安國小發展的優質指標，是以「組織的專業發展」來帶動「教師個人的專業發展」，以「教師個人的專業發展」來成就「組織的專業發展」。愚魯的我經常從失敗的經驗中記取教訓，並重新嘗試更有效的方法，所以我認為自己的專業是「勇於修正」、「樂於反思」所累積的經驗！

貳. 創意·有效的教學

在永安國小服務的十年時光，不論是教學設計與實施、班級經營與輔導、與學年夥伴相處的方式、引導實習教師的策略等工作能夠順利的推展，都是因為之前的歷練。在前任許校長「有經驗的老師要將新人帶上來」的期許下，整合過往蓄積的教學經驗，融合開放的空間、設計創新的課程，和夥伴們秉持共同的教育理念與教學熱情，連續數年均獲得臺北市行動研究特優、全國創意教學特優，以及教育部教學卓越金質獎等肯定，豐碩的成果皆因貴人的提攜與夥伴們齊心協力所致。

參．校內共同成長

．教學實施反思轉化～與學年夥伴的教學相長

夥伴們雖然教學年資不同、人生經驗也各異，但在凝聚向心力、啟動團體動力方面卻是有志一同。除了教育專業上的相互支持與分享外，我們亦藉由多元的活動（如：羽球運動、慶生會、聚餐歡唱等活動）促進學年夥伴的和諧與團結，彼此的感情也在互動中逐漸凝聚。

在教學實施的過程中，夥伴雖然無法齊一教學，但總是有人願意提出自己的發現和問題，供大家參考與討論。期間，我更運用班群空間的優勢，將「發展性教學輔導」系統導入，運用教學觀察工具，就近請夥伴為自己作教學觀察與錄影；實施教學觀察之後更輔以學生與家長的回饋，澄清教學現場的盲點，透過夥伴回饋會談，更能汲取寶貴的教學經驗，加以轉化後，充實自己的教學專業。以下是教學後的反思與解決困境的歷程說明：

自我反思

．運用「教學檔案」反思自己的教學，並藉由同儕教學觀察協助彼此掌握教學重點及步驟，充分掌握教學目標，以增強學生的學習效果。

→ **解決困境**

．運用「行動研究」解決教學困境，藉由資料的蒐集，分析學生學習困境，進而運用妥適的策略解決教學現場的問題。

→ **應用與修正**

．在不斷的計畫、教學、觀察、反思歷程中，夥伴彼此提供另一雙眼睛，讓自己的教學更周延純熟，攜手在專業成長之路不斷精進。

與夥伴互動的珍貴歷程分別記錄在 95 年「無米樂」——榮獲臺北市教學檔案特優、96 年「薪火相傳」—— 榮獲教育部輔導教師卓越獎。

與年輕的夥伴互動有許多收穫與成長，我雖有之前的教學經驗，但是在教學創意方面，透過年輕夥伴更注入了新的活水。並在學年夥伴用心投入的共同努力下，我們發展的教學方案分別於 96 年度臺北市行動研究獲得特優、97 年度榮獲教育部教學卓越團隊金質獎。

感恩教學夥伴們在教學歷程的堅持與奉獻！同時也讓我體會團隊合作的力量；當然在互動過程中，難免有分工不均與意見不合的時候，這時的我就得出些點子讓氣氛恢復，例如放學後「鹽酥雞配豆花」、「一起逛大賣場舒壓」、「打場羽球放鬆心情」⋯⋯，畢竟是天天要見面的好夥伴，就在吃喝談笑間化解了尷尬氣氛！

・教學薪傳～與新手教師的教學相長

永安國小從民國 90 年參加臺北市所推動的「教學輔導教師制度」試辦的行列；當年暑期便決定去陽明山受訓四週，期待充實自己的專業智能，以便協助更多年輕的夥伴。在順利取得教學導師的證書後，至今九年下來已先後輔導十多位夥伴教師，同時也將實習教師融入這個成長互助的團體，一起參與各項研習、教學觀察與會談的工作。

有幸成為實習輔導教師與教學導師，心中有莫大的光榮與愉悅，除了能將自己的經驗分享給實習教師與夥伴教師外，自己在教學專業上的提升更是最大的收穫。不論是夥伴教師或是實習教師都需經由「做中學」的過程，逐漸承擔教師的重責大任。然而剛進入陌生環境的年輕教師，實需要輔導教師耐心的引導。

肆．校外進修與回饋

因參與「臺北市發展性教學輔導系統」多年，深受張德銳教授對現場教師專業能力的提升所付出的心力所感動，我省悟若要協助更多的教師成長，就要更充實自己的專業，於是於民國 95 年進入私立銘傳大學教育學碩士在職班進修，並在 97 年修得碩士學位。

98 年 4 月起參與教育部教師評鑑人才培訓班，提升自己協助教師成長的專業，分享教學觀察技巧、製作教學檔案及行動研究的方法，以感恩張教授對自己的提攜。並將研習心得與教學現場的經驗活用在協助夥伴專業成長，近年來，不但每年暑假在臺北市教師研習中心為教學導師作經驗傳承與分享，也常前往臺東、臺中、新竹、宜蘭等地的中小學為提升教師專業發展作經驗傳承。每學期不論是學期中或是寒暑假，總有許多相關的研習邀請我作分享，雖然這必須犧牲許多自己的時間去整理資料，但是思考若是能影響一位教師做專業提升，其實就是間接幫助了整班的孩子，這是鼓舞我願意無私分享的最大動力；其次，能與現場教師互動，與許多有經驗的老師對談中，讓自己也有再次提升與成長的機會。

伍．點燈前瞻～教師生涯的展望

「教師」這份志業，任重而道遠；因為我們面對的是生命，生活中給我們的課題讓我們要學會勇敢、堅毅、包容、接納、謙虛與感恩！我努力要求自己成為一位「人師」，讓學生看到、聽到、感受到老師對他們的期待與關懷；引領著學生面對困境與挑戰，培養克服困境的毅力與決心。我也願意用自身的經驗激勵所有的夥伴們了解自己身肩「型塑生命」的任務，感動他們去提升專業帶起每一個孩子！

回顧教師生涯 25 年，感恩家人一路的支持與鼓勵，一直自我期許：「人的一生不在於你超越多少人，而是你協助多少人超越自己！」分享與傳承就是一種成就，期待我們活出生命的意義，找到教師真正的價值，擁有豐沛的生命力，燃起我們更高的理想、擴大我們的格局！

～願與全體教師共勉～

（心怡老師親自筆述）

第二節　教學專業發展評鑑系統實作

以下是心怡老師追求專業成長進行專業評鑑的一段歷程，首先心怡老師為了充分了解學生個別差異，在分析學生的學習態度與能力後，擬定一份數學領域「圖形面積」的單元教學計畫，先作自評後，邀請高老師參與計畫會談、教學觀察、回饋會談及擬定個人成長計畫，最後可看到心怡老師為學生修正的輔導策略，作為下一階段的成長目標而努力。

階段一之一：專業發展評鑑之前班級學生學習態度分析表

表 5-1　97 學年度上學期 9-12 月心怡老師為任教班級（五年○班）學生學習生活分析

姓名	學習生活分析
子 #	守分負責，主動服務，律人律己皆嚴，時有影響人際關係狀況；學習專注，寫作創意待加油。
丑 #	自律甚嚴，言行舉止堪為班級表率。母親提及喜歡研讀資訊書籍，相對的認為學校學習較未盡全力；因弟弟是特殊兒，母親對兄弟的教養與相處技巧頗感困難。
寅 #	與同學互動容易衝動，言語與行為的自我控制較弱。從運動會嶄露頭角後，行為已在進步中；資源班劉老師表示觀察他的面相改變，和善、專心多了。
卯 #	積極表現，動靜皆宜。惟過於愛面子，不夠謙遜，反而顯現學習的淺薄。
辰 #	9 月、10 月有暈眩請假回家 4 次，學期後半已較適應，且喜歡與同學打籃球，學習上字義及文句理解較弱，影響學習甚深。
巳 #	熱心班務，上課專心不足，逞強好勝，不輕易問問題，倒是經常搶答問題。思緒不定，對於犯錯後的澄清均好逞口舌之快的辯解，但人緣尚佳。
午 #	口語表達佳，對自我要求低，生活態度較懶散，從秩序狀況分析，孩子有進步；從缺交作業看，語文作業缺交狀況嚴重，尚需要教師、家長持續合作鼓勵。
未 #	學習能力強理解力夠。說話因為嘴巴不肯打開常需說三、四遍，閱讀量多但未實踐在生活中，不願面對犯錯，對小事計較（在家父母至今仍採打罵方法，孩子認為溝通無效，造成他不願清楚說話）。
申 #	學習態度較消極，話不多。與同學互動技巧較弱，會將老師的「雞毛」當「令箭」，閱讀理解力較弱沒有建立自主能力。

酉＃	學習未能定心，上課發表能力都在平均值以上，作業訂正不夠紮實。人際關係佳，體能表現也不錯。喜歡與同學開玩笑。
戌＃	守分，屢次與固定同學酉＃起口角。學習未盡全力，期末他表示仍沿用中年級學習的態度與方式，已表示五下要奮起直追。
亥＃	學習態度積極，遵守班級規範。數學能力強，語文表達較弱。
甲＃	學習態度消極，學習能力與同學有明顯落差，但家長仍對孩子有高度期待，不過教育方式有明顯價值觀偏離。做錯事常運用說謊方式矇騙，甚至家長了解真相，卻不主動告知老師。
乙＃	言語行為自我約束能力較弱，有咬指甲的習慣，甚至在接受教師處遇時，因為被關注，竟然有些開心，長期在安親班缺乏父母親的陪伴，母親表示回家也不會自己做功課。
丙＃	和善，笑臉迎人。口語表達及對語文理解力弱，較依賴母親，經常需要母親代為詢問相關事項。學習能力較弱，母親認為係早產影響。
丁＃	自學期中才展現其能幹及熱心服務的特質，表示其謹慎的心態。學習態度積極，上課表達仍有進步的空間。
戊＃	自我要求高，遵守規範。上課發言主動性仍有進步空間。口語表達、語文造句及作文在創意表現上尚可再加油。
己＃	上課發表很主動，符合愛說話的特質，但說話內涵待提升。語文及數學思考能力較弱，自尊心強影響學習的紮實性。
庚＃	較沉靜，期末與其交談後看到他打掃認真，我想他是需要關注與肯定的。學習未盡全力，他表示是貪玩，在安親班玩瘋了？
辛＃	語文能力強，數學較不主動，練習時間少。與同學互動技巧需要更誠懇與正向建議。
壬＃	熱心為班級服務，上課發言積極性仍有進步空間，喜歡閱讀，學習的耐心與毅力仍待磨練。例如：寫完作業要檢查。
癸＃	自我要求高，但學習較慢，在學期初不願主動發問，目前較佳，但數學的理解力較弱，閱讀未能落實。

忠 #	期末會談時表示家中並未有讓他擔心之處，但孩子常分心，上課發言的次數均低於平均數，作業的表現也呈現未訂正、缺交狀況。
孝 #	熱心服務、做事俐落。自尊心過強，學習較不夠用心，有時也會偷懶。有時遇到困境也不好意思問。
仁 #	在擔任幹部時，易與同學起爭執，是自信低但自我要求過高，會想用一樣的標準要求同學。這樣的態度也影響自己的學習，遇到困難不好意思問。
愛 #	動作慢，經常跟不上班級隊伍，常當傻大姐，上課專心度不足，母親督促作業嚴謹，導致他依賴。
信 #	上課發言次數皆在平均值以下，上課專心度仍有進步空間，言行舉止中規中矩，但因求好心切有藏匿考卷的説謊現象。
義 #	孩子單純可愛，遵守規矩，但學習上仍停留在中年級等待複習的階段。
和 #	勤勞且遵守規範，惟學習較被動，孩子也認為自己不求甚解且沒做複習。對同學有時會較伶牙俐齒地批判。
平 #	遵守規範且貼心，學習態度積極，數學要多花功夫再求甚解。有時會認為同學幼稚，所以交友圈較小。

撰寫教學計畫

表 5-2　五年級第一學期數學科第五單元：圖形面積的單元教學計畫

單元名稱	單元五　圖形的面積				
任教班級	五年〇班	教學節數	五節	教師姓名	康心怡
教材來源	南一版數學第 11 冊				
對應能力指標或教學目標（請詳述）： 能力指標 N-2-9 能在保留概念形成後，進行兩個同類量的間接比較（利用完整複製）及個別單位的比較（利用等量合成的複製）。 N-2-13 能以個別單位的方式（利用等物合成複製後）描述面積、體積，並能用乘法簡化長方形面積、長方體體積之點算。 教學目標 **1. 認識平行四邊形的底和高** 1-1　在方格紙上，透過操作可以認識平行四邊形的底。 1-2　在方格紙上，透過操作可以認識平行四邊形的高。 1-3　能運用平行四邊形的面積公式解決平行四邊形的面積問題。 **2. 以 1 平方公分為單位，認識平行四邊形面積的算法及畫高。** 2-1　在方格紙上，透過切割、拼湊的活動，察覺平行四邊形的底和高是長方形的長和寬。 2-2　從長方形面積的求法，認識平行四邊形面積的求法。 2-3　以 1 平方公分為單位，算出平行四邊形的面積。 **3. 透過操作活動，將三角形變成平行四邊形，認識三角形的底和高及畫高。** 3-1　在方格紙上，透過切割、移轉和拼湊，將三角形變成平行四邊形。 3-2　能將兩個三角形拼湊成平行四邊形。 3-3　在方格紙上，透過操作，認識三角形的底。 3-4　在方格紙上，透過操作，認識三角形的高。 3-5　能畫出三角形的高，並應用三角形面積公式解決三角形面積的問題。					

4. 以 1 平方公分為單位，利用平行四邊形面積的求法，認識三角形面積的算法。 4-1 利用平行四邊形面積的求法，認識三角形面積的算法。 4-2 以 1 平方公分為單位，用平行四邊形面積的求法算出三角形面積。 **5. 在方格紙上，以 1 平方公分為單位，透過切割、拼湊的活動，算出梯形面積及畫高。** 5-1 在方格紙上，透過切割、移轉和拼湊，將兩個全等梯形變成平行四邊形。 5-2 能將兩個全等的梯形拼成平行四邊形，認識梯形的上底、下底和高。 5-3 以 1 平方公分為單位，用平行四邊形面積的求法算出梯形面積。 5-4 能畫出梯形的高，並應用梯形面積公式解決梯形面積的問題。 學生先備能力分析： 1. 認識面積及保留概念。 2. 以平方公分為單位進行面積的點數及大小比較。 3. 認識菱形、梯形、平行四邊形、長方形、正方形和三角形的組成要素。

能力指標代號	第四節活動流程	時間（分）	評量或作　業	教學資源	備註
N-2-9	一、準備活動 1. 請學生準備 2 對全等梯形附件。 2. 教師說明本節課主要是能算出梯形面積並推演出公式。 二、發展活動 (一) 認識梯形 1. 請學生先拿出一對黃色梯形附件。 2. 檢視這一對梯形附件是否全等。	3 27	小組交換檢查數學附件	準備兩個放大的全等梯形	準備數學附件全等梯形 2 組 黃色梯形附件

N-2-9	3. 請學生回答這一對梯形全等的原因。	教師提問		
	4. 請學生試著將這一對全等梯形拼湊成一個平行四邊形，並貼在數學格子簿上。	教師觀察學生操作	數學格子簿	
	(二) 點算梯形面積			
	1. 拿出另一對綠色梯形附件，先比一比是否是全等梯形。	教師提問		綠色梯形附件
N-2-13	2. 將其中之一梯形輪廓描摹在數學格簿上。	教師觀察學生操作點算面積		
	3. 運用透明方格板蓋在此一梯形上方，並點算其面積後寫在格簿上。			
	4. 請學生報告點算結果。			
	5. 請學生交換互評正確與否。	學生互評		
	(三) 梯形與平行四邊形的關係			
	1. 請學生將一對綠色全等梯形拼湊成平行四邊形後貼在格簿上。			綠色梯形附件 1 對膠水
N-2-13	2. 請學生畫出平行四邊形的底與高。	學生操作教師觀察點算面積	直角三角板	
	3. 運用透明方格板蓋在此一平行四邊形上方，並點算其面積後寫在格簿上。			
	4. 請學生說出此一平行四邊形與 2 個綠色全等梯形的關係。	教師提問

	5. 請學生推算出其中之一個梯形面積。				
	6. 請學生交換互評點算結果。		學生互評		
	7. 老師統整平行四邊形與兩個全等梯形的關係。	10			
	8. 請學生畫出梯形的底與高。		教師觀察 學生操作		
	三、綜合活動				
N-2-13	1. 請小組討論梯形面積公式，並將結果寫在小白板上。		小組討論	小白板	
	2. 與學生共同討論小組呈現的梯形面積公式的正確性。		全班互評		
	3. 出 3 題梯形面積評量學生本節課學習狀況。		個人習作		
	4. 學生交換互評演算結果。		學生互評		
	5. 説明回家作業的相關規定。		回家作業	數學習作 甲乙本	

階段一之三：教師進行自評

表 5-3　教師自評表（表 1A）

壹、基本資料

教師姓名：康心怡　任教年級：五　任教科目：數學
日期：98/3/24

貳、填寫說明

本自評表的目的係為了協助您自我覺察教學上的優缺點，進而產生自我成長的作用。為達自我診斷之目的，請您在閱讀完評鑑指標後，慎重勾選最能真實代表您表現情形的欄位：如您「總是」表現出該教學行為（有 8 成以上的信心），請在「優良」一欄打勾；「經常」表現出該教學行為（有 6 成至 8 成的信心），請在「滿意」一欄打勾；「偶而」或「很少」表現出該教學行為（6 成以下的信心），請在「待改進」一欄打勾。然後在後面的意見陳述中，具體補充說明您整體表現的優劣得失以及自我成長的構想。

	優良	滿意	待改進
A 課程設計與教學			
A-1 精熟任教學科領域知識	☑	☐	☐
A-2 清楚呈現教材內容	☑	☐	☐
A-3 運用有效教學技巧	☑	☐	☐
A-4 善於發問啟發思考	☐	☑	☐
A-5 應用良好溝通技巧	☑	☐	☐
A-6 善於運用學習評量	☑	☐	☐
A-7 達成預期學習目標	☐	☑	☐
B 班級經營與輔導			
B-1 建立有助於學習的班級常規	☑	☐	☐
B-2 營造積極的班級學習氣氛	☐	☑	☐

意見陳述（請就上述勾選狀況提供文字上之說明，如果空白不夠填寫，請自行加頁）：

1. 我的優點或特色是：
   (1) 教學前，能先將課程內容組織成一有系統的完整知識，再引導學生習得知識內容。
   (2) 教學時，透過問答與學生保持互動，並運用合作學習的模式，在教學過程中透過小組學生的互動或互評，掌握學生學習情形，一方面維持其注意力，一方面培養學生互助合作的態度。
   (3) 和諧的班級氣氛與良好上課秩序，是我努力營造的教學氛圍，教學活動進行時，班級常規的執行也規劃在小組秩序競賽中。
2. 我尚可成長和改進的空間是：

我容易在一節課中放入過多的教學活動，常導致教學目標無法完成，造成自己的挫折，我應依據學生的能力，考慮教學時間，安排恰當的教學活動。此外，安排學生具體操作或小組討論，我應該更關注學生能否專注學習。

3. 我成長的構想是：

我可以多和學年夥伴討論教學活動的設計，以澄清教學流程的安排妥當與否，並請夥伴入班為我作教學觀察；在活動後也請學生給我回饋，讓我知道教學時間的安排是否恰當，上課模式是否會有過多的壓力？學習目標達成了嗎？相信這些策略會對自己的課程設計與教學效能的提升助益很大。

階段二之一：觀察前會談

表 5-4　觀察前會談記錄表（表 2A）

教學時間：98/3/24 9:15~10:05　教學年級：五年級
教材來源：南一版第五單元　教學者：康心怡　觀察者：高紅瑛
觀察前會談時間：98/3/23 上午 8:40~9:20

一、教材內容：

本教學單元是「圖形的面積」，主要內容是引導學生透過圖卡的移轉、拼湊活動，覺察平行四邊形、三角形、梯形和長方形的面積關係；並運用平方公分板點算平行四邊形、三角形和梯形面積，進而推導出公式；最後能畫出平行四邊形、三角形、梯形在指定邊上的高。

二、教學目標：

本節課的教學目標包括以下四項：

(一) 能藉由拼貼操作了解平行四邊形與梯形面積的關係。
(二) 能從平行四邊形面積的求法，推演梯形面積的計算方法。
(三) 能運用直角三角板畫出梯形的高。
(四) 能了解梯形面積的計算公式由來。

以上教學目標，以第四項「了解梯形面積的計算公式由來」最具挑戰性。由於本班學生已養成預習的習慣，上課專注力也不錯，再加上運用小組競賽的機制，可以激勵學生的學習。但班上仍有學習較緩慢的學生，在教學過程中我會運用競賽得分關注學生學習狀況，相信教學目標達成率應有 80% 以上；而學習較緩慢的學生將再進行補救教學。

三、學生經驗：

(一) 先備經驗：認識面積並會運用平方公分，具備平行、垂直的概念及了解菱形、梯形、平行四邊形、長方形、正方形的組成要素。
(二) 學習氛圍：大部分學生對數學的學習充滿興趣，若加上具體的操作更樂意投入活動。學生喜歡在小組中討論，然後推理歸納出原理原則，對於小組競賽也願意合作並關注同組同學的學習。由於他們在課前都會預習，若在教學過程中融入討論與操作，多數學生在理解上並沒有困難。

四、教學活動：

本單元教學活動共計五節課，本節課是第三節，教學活動的流程依序呈現如後：

(一) 複習梯形「上底」、「下底」及「高」的名稱定義。
(二) 請學生將兩個全等的梯形拼成一個平行四邊形，並畫出這個平行四邊形的高。
(三) 請學生求出這一個平行四邊形和其中一個梯形的面積。
(四) 請小組同學討論梯形面積公式的由來。
(五) 教師布題請學生計算，以了解學生學習狀況。

五、評量模式：

本次教學將以五種評量方式來確定學生在上述四項學習目標的達成狀況：

(一) 教學過程中的提問與回答。
(二) 學生拼湊出平行四邊形後，能畫出梯形的高。
(三) 學生能計算出平行四邊形及梯形的面積
(四) 小組討論後能推演出梯形面積的公式。
(五) 教師布題後，學生的計算結果。

六、觀察時所使用的評鑑指標：

本次教學觀察，使用規準為「教學專業發展評鑑系統」中「A-2」至「B-2」之部分檢核重點，共計兩個層面的 8 項指標。

七、觀察的工具和焦點：

本次觀察使用工具為「教學專業發展評鑑系統」之「教學觀察表」(表 3A)。

八、回饋會談時間和地點：

3/25 (週三) 下午 14:50 至 15:30，於五年級辦公室。

階段二之一：觀察前會談逐字稿

2009.03.23

觀察者高老師（以下簡稱高）：近來好嗎？能一起參加研習，當老同學真是開心。……

教學者康老師（以下稱康）：對啊，這一期研習有其他縣市的老師說臺北市的老師走路好急呀！自己一直在這環境中倒覺得滿充實的！只是對於自己的教學方法和教學活動，總有些質疑，不知自己的教學活動是否能讓孩子充分參與？也不知教過之後孩子究竟懂了嗎？所以高老師，妳可以到我班上來觀察我的上課情形嗎？我想以妳那麼豐富的經驗一定對我會有很大的幫助。

高：妳太客氣了，我很願意，那妳可不可以先說一說，平常你們班上上課的情形是怎麼樣？

康：平常孩子上課狀況，都還算專注，而且我會要求孩子要在課前預習……，班上孩子的自主性比較強，上課喜歡用討論分享的方式，但是一討論會容易分心呀！

高：妳的意思是說妳的班級上課的情形是常用討論的方式，但有時學生會分心。

康：我期待孩子上課時都能參與教學活動，所以我會在過程中運用互評或問答的方式檢視孩子當下學習的狀況，同時運用小組競賽來激勵孩子專注學習。

高：聽起來妳是希望孩子能專注學習。

康：因為我常在一節課中放入過多的教學活動，會導致教學目標無法完成，造成自己的挫折，且又擔心孩子是否真的懂了，能應用嗎？另外，是否有少部分的孩子因為我的疏忽而沒有專心學習？

高：嗯，那妳希望我觀察的是哪一堂課呢？

康：我想先從數學課開始好了！

高：那這一堂課，妳希望學生能夠學到什麼？

康：能從平行四邊形面積的求法，推演出梯形面積的計算方法，而且能夠運用直角三角板畫出梯形在指定邊上的高，再藉由小組討論能了解梯形面積的計算公式由來。總而言之，是希望孩子能從具體操作到概念的了解與應用。

高：那整個教材的內容有哪些概念？

康：這個單元主要概念是覺察平行四邊形、三角形、梯形和長方形的面積關係，進而能畫出平行四邊形、三角形、梯形在指定邊上的高，最後再推導出面積計算公式。

高：那學生過去有學習這類教材的經驗嗎？

康：過去孩子認識面積並會運用平方公分，具備平行、垂直的概念，及了解菱形、梯形、平行四邊形、長方形、正方形的組成要素。

高：那整個流程我都了解了，這一單元妳主要就是希望學生能從具體操作到概念的了解與應用。

康：沒有錯。

高：那妳有沒有想過妳要用什麼樣的方式，來引起學生的學習動機呢？

康：引起動機的話，我想先請孩子試試如何運用梯形圖卡拼成平行四邊形。

高：從運用梯形圖卡拼成平行四邊形來引起動機聽起來很不錯喔！那麼整個教學的流程，妳會怎麼設計呢？

康：我會先運用問與答的方式複習梯形的定義，接著透過具體操作的方式，讓學生了解梯形與平行四邊形的關係。首先請學生個別運用平方公分板，透過切割、移轉和拼湊，將兩個全等梯形拼成一個平行四邊形，然後畫出這個平行四邊形的高，再計算面積；在學生認識梯形的上底、下底和高以後，我會請小組同學討論梯形面積公式的由來。最後我再布題請學生計算，以了解學生這節課的學習狀況。

高：好，那在這一堂課裡面，我主要是要幫妳觀察什麼呢？

康：我希望您幫我觀察教學目標能否達成及學生整體學習的狀況，譬如說，在操作和小組討論時能專心嗎？

高：在操作和小組討論，擔心他們會不專注，這是有可能，好，我都記下來了。我想這一次我們要觀察的重點大概有兩個部分，一個是要看看教學目標能否達成；另外一個就是操作和小組討論時能專心嗎？我會記錄「B-1 建立有助於學習的班級常規」，到「B-2 營造積極的班級學習氣氛」觀察到的狀況。妳覺得用這樣的一個教學觀察表來幫妳做教學記錄，可以嗎？

康：好的。

高：好，那我在觀察妳的教學時就用這個紀錄表了。

康：可以，謝謝。

高：對了，那妳什麼時間要上這一堂課呢？

康：就在明天 3/24 的上午第二節。

高：可以，我明天上午剛好也沒課，那我可以來看妳的教學。那我們要不要把回饋會談的時間也訂下來？

康：可以就在下午第二節嗎？

高：……當然沒問題，到時再一起來討論我們的觀察結果。

康：謝謝高老師。

高：那就明天見了。

康：好。

階段二之二：教學觀察

表 5-5　教學觀察表（表 3A）

教師姓名：康心怡　任教年級：五年〇班　任教科目：數學領域

課程名稱：圖形的面積

課程內容：

1. 藉由操作了解平行四邊形與梯形面積的關係。
2. 從平行四邊形面積的求法，推演梯形面積的計算方法。
3. 運用直角三角板畫出梯形的高。
4. 了解梯形面積的計算公式由來。

觀察者：高紅瑛

觀察日期與時間：98 年 3 月 24 日（星期二）9:30 至 10:10

評鑑指標與檢核重點	畫記		教師表現事實摘要敘述	結果			
	正向	負向		優良	滿意	待改進	不適用
A-2 清楚呈現教材內容			2-1 一上課老師即告知學生今天要學習的是從平行四邊形面積去推演出梯形面積。 2-2 老師請學生運用兩個全等梯形拼湊成一個梯形，並請學生畫出梯形的高。 2-3 老師運用黃色及綠色的梯形教具示範拼湊的方式。 2-4 學生操作附件，並在數學簿上描出拼湊成功的平行四邊形，並畫出高。 2-5 運用小組合作學習模式，請學生討論梯形面積的公式。 2-6 老師布題請學生演算梯形面積，並藉以說明今天學習的重點。 2-7 下課前老師將本節課重點再說明一次。	☑	☐	☐	☐
A-2-1 說明學習目標或學習重點 *	丅						
A-2-2 有組織條理呈現教材內容	丅						
A-2-3 正確而清楚講解重要概念、原則或技能	丅						
A-2-4 多舉例說明或示範以增進理解	丅						
A-2-5 提供適當的練習以熟練學習內容	丅						
A-2-6 設計學習情境啟發學生思考與討論	丅						
A-2-7 適時歸納總結學習重點	丅						

2-3 運用有效教學技巧			3-1 老師請學生試著將兩個全等梯形拼貼成一個平行四邊形，並運用小組競賽方式，要求學生專注學習。 3-2 本節課有操作附件、師生互動提問、小組討論和老師布題評量學生等活動，下課前將本節課重點說明。 3-4 老師運用教具示範說明梯形與平行四邊形的關係。 3-5 在回答問題及學生練習布題時，老師將需要補救教學的學生記下。	☑	☐	☐	☐
A-3-1 引起並維持學生學習動機	丅						
A-3-2 善於變化教學活動或教學策略	丅						
A-3-3 有效掌握教學節奏和時間	丅						
A-3-4 有效使用教學媒體或電腦網路	丅						
A-3-5 根據學生個別差異調整教學	丅						
A-4 善於發問啟發思考			4-1 從提問學生的舊經驗（平行四邊形面積），到新概念（梯形面積）的提問。 4-2 老師運用上下揮動手臂或繞三圈手臂的方式，等待學生回答。 4-3 在學生回答平行四邊形的要素後老師追問面積的公式。 4-4 對於學生的回答，老師會複述，並歸納重點，如（平行四邊形面積是底乘以高，那三角形面積就是⋯⋯對！底乘以高除以二。）	☑	☐	☐	☐
A-4-1 設計由淺而深的問題引導學生思考	丅						
A-4-2 發問後待答時間適當（3 秒以上）	丅						
A-4-3 發問後能針對學生回答繼續延伸問題	丅						
A-4-4 聽答後能歸納整理學生的回答	丅						

A-5 應用良好溝通技巧			5-1 黑板上寫有單元名稱「梯形面積」，字體端正且夠大（坐在後排的觀察者看得很清楚）。 5-2 教師口齒清晰、指令簡明，音量可以讓後排學生聽到，學生會回答問題、依指示操作圖形等活動。 5-3 教師講述時，常在各排、各列間移動，眼神常關照全班。 5-4 學生操作圖形、計算面積時，教師到各行各列個別指導。	☑ □ □ □
A-5-1 板書正確、工整有條理	丅			
A-5-2 口語清晰、音量適中	丅			
A-5-3 教室走動或眼神能關照多數學生	丅			
A-6 善於運用學習評量			6-1 教師能設計許多問題提問，並以口頭評量學生。 6-2 教師讓學生用兩個梯形拼成一個平行四邊形之後，請坐在一起的兩人互評是否正確。 6-3 當全班大多數學生計算面積正確，只有一、二位錯誤時，教師會在黑板上記下學生座號，並且說：「老師等一下到位置上去看你。」 6-4 教師對學習結果再次評量時，一一行間巡視，檢視學生的學習情形，並適時個別指導。	☑ □ □ □
A-6-1 依實際需要選擇適切而多元的評量方式	丅			
A-6-2 適時檢視學生的學習情形	丅			
A-6-3 根據學習評量結果分析學習成效 *	丅			
A-6-4 根據學生評量結果調整教學 *	丅			

A-7 達成預期學習目標				☑ ☐ ☐ ☐
A-7-1 學生學習專注	〒		7-1 學生上課都非常專心，能遵照教師的指令進行操作、思考、計算等學習活動，90% 學生認真、積極。 7-2 學生能理解兩個梯形可以拼成一個平行四邊形，並運用平行四邊形與梯形的關係而找到計算梯形面積的公式。 7-3 從學生的回答中，能充分感受到他們學得很輕鬆，很有成就感。	
A-7-2 學生能理解運用所學概念與技能	〒			
A-7-3 學生能理解並悅納與學習活動有關的價值觀念	〒			
B-1 建立有助於學習的班級常規				☑ ☐ ☐ ☐
B-1-1 訂定合理的班級規範與獎懲規定	〒		1-1 上課鈴聲一響，由值日生上台敲三角鐵，然後全班就唸「優秀是教出來」的其中三條規範。 1-2 上課前多數學生已拿出這節課要用的學用品。 1-2 小組討論時教師使用計時器計時，信號響起就停止討論。 1-3 學生都能先舉手再發言。 1-3 在教學活動中，只要學生有好的表現老師就會說：「很好！」「好棒！」「很有精神！」 1-3 小組都答對的，教師會在黑板上記下應加分數，舉手答對的人也在該組名下加分。 1-4 學生都很守規矩，未見不當行為。	
B-1-2 維持良好教室秩序常規	〒			
B-1-3 適時增強學生的良好表現	〒			
B-1-4 妥善處理學生不當行為				

B-2 營造積極的班級學習氣氛				□ ☑ □ □
B-2-1 布置或安排適當的學習環境	丅		2-1 學生座位採兩人併坐直行式，適合前半節聽講與操作活動；後半節需要小組討論時，相鄰的兩排，一排向後轉，隨即可以進行小組討論。	
B-2-2 營造良好和諧的師生互動關係	丅		2-2 教師語氣親切，一上課就稱讚學生今天精神很好，教師臉上雖然少現笑容，但是語調親切，時常問學生「好了嗎？」「可以嗎？」「訊息收到沒？」表達出對學生的關愛與尊重，師生互動愉快。	
B-2-3 引導學生進行同儕合作學習		／	2-3 教師安排小組討論梯形面積的公式，引導學生進行同儕合作學習，有 5 名學生在討論過程東張西望或是在玩文具的狀況。	

學生學習反應

表 5-6　學生學習意見表（表 4A）

教師姓名：＿＿＿＿＿＿　任教年級：＿＿＿＿＿＿
任教科目：＿＿＿＿＿＿
學生性別：男　女　　日期：＿＿＿＿＿＿

請想想看你的老師在上課時，有沒有常常表現像句子中所說的情形。
如果有，請在句子上面的括弧內打（○）
如果沒有，請在句子上面的括弧內打（Δ）

（　）1. 老師上課的內容，知識很豐富。（A-1）
（　）2. 上課時，老師會清楚說明上課內容重點。（A-2）
（　）3. 老師上課時，會用一些很好的方法或活動讓我學得更成功。（A-3）
（　）4. 上課時，老師很會問問題，讓我更努力學習。（A-4）
（　）5. 老師上課講的話和他的動作，我都能了解。（A-5）
（　）6. 老師會用學習單、問問題，或是其他考試的方法，來了解我學會了沒有。（A-6）
（　）7. 上課時，老師希望我學會的，我都能學會。（A-7）
（　）8. 上課時，班上同學的秩序都很好。（B-1）
（　）9. 我們上課的氣氛很好，同學學得很快樂。（B-2）

最後，我還想對老師說：

階段二之三：學生學習反應結果

表 5-7　學生學習意見表（表 4A）

教師姓名：康心怡　　任教年級：五
任教科目：數學
學生性別：男　女　　日期：98/3/24

請想想看你的老師在上課時，有沒有常常表現像句子中所說的情形。
如果有，請在句子上面的括弧內打（○）
如果沒有，請在句子上面的括弧內打（Δ）

男	女	小計	
15	15	30	1. 老師上課的內容，知識很豐富。(A-1)
15	14	29	2. 上課時，老師會清楚說明上課內容重點。(A-2)
14	13	27	3. 老師上課時，會用一些很好的方法或活動讓我學得更成功。(A-3)
14	14	28	4. 上課時，老師很會問問題，讓我更努力學習。(A-4)
13	12	25	5. 老師上課講的話和他的動作，我都能了解。(A-5)
15	15	30	6. 老師會用學習單、問問題，或是其他考試的方法，來了解我學會了沒有。(A-6)
14	10	24	7. 上課時，老師希望我學會的，我都能學會。(A-7)
12	12	24	8. 上課時，班上同學的秩序都很好。(B-1)
13	12	25	9. 我們上課的氣氛很好，同學學得很快樂。(B-2)

最後，我還想對老師說：
您設計的活動很活潑、有趣，謝謝您把 504 的氣氛帶起來。
謝謝您每天安排課程給我們上，也常注意我們的安全！
老師我想對您說，我希望老師有時要有笑容地上課。
老師您很辛苦，有時都沒有中斷，也沒有休息，每天站著，謝謝您的指導！
老師您上課時講話和動作都很誇張，能讓我更了解！
老師！我愛您！

階段二之四：回饋會談逐字稿

2009.03.24

觀察者高老師（以下簡稱高）：康老師，這是我為妳做的教學記錄表，請你看一下。

教學者康老師（以下簡稱康）：高老師，才一節課妳就做得這麼仔細！

高：康老師，我覺得妳的表現很棒！學生的表現也很不錯耶！

康：真的嗎？可是我覺得我仍有成長的空間呢。

高：妳太客氣了！來，我們現在一起來看一下我們這整個紀錄表裡面的內容，從 A-2 清楚呈現教材內容、A-6 善於運用學習評量、A-7 達成預期學習目標、B-1 建立有助於學習的班級常規，一直到 B-2 營造積極的班級學習氣氛這些規準裡面，妳覺得妳自己表現得最滿意的地方是哪些？

康：我覺得最滿意的地方是我能引導學生從具體操作到理解梯形面積的計算方法，而且記錄小組的得分，一方面是期待學生專注學習，所以藉由比賽來激勵；更重要的是我能立即得知學生的學習狀況，並決定是否繼續下一個活動。

高：我也注意到你們班的小組計分機制，這節課妳覺得最有特色的地方又有哪些？

康：這節課最有特色是有學生個人的操作表現，也有小組討論的活動，可以讓全體學生共同參與，製造了學生成功的機會。總而言之，我盡力在教學過程中關注學生的學習，讓我覺察學生學習的狀況，也運用小組討論的方式歸納結果，所以我覺得這兩點應該做得還不錯。

高：對，我也看到，並且有運用計時器。

康：因為小組討論的時候，運用計時器可以協助把時間掌握得更精準。

高：沒錯，而且我發現妳讓學生上台報告是用抽籤的方式。

康：喔，因為我想要讓每個學生都確實參與討論，所以會事先告知，運用抽籤的方式。

高：對，沒錯，在 A-7 達成預期學習目標檢核項目上，妳覺得妳做得不錯的地方在哪裡？

康：在設計教學活動時，我思考要將梯形的面積在這節課教完，又需兼顧學生要能參與學習，所以才會這樣規劃教學活動，我想依據小組競賽所登記的分數來看，至少有 80% 以上的學生達成目標，而我也隨手記下需要補救教學的學生，再找時間加強吧！

高：對，其實學生的能力各不相同，也無法要求學生在同一時間學會……。對於 B-2 營造積極的班級學習氣氛，你覺得你還有沒有可以再調整或是更精進的地方？

康：我從培養學生預習的習慣著手，期待學生對於將要面對的課程內容先有初步的了解，在進行教學時才更能提起興趣，將自己不懂的概念學會，同時教學時師生較有互動的機會。但是我關注到今天有部分學生會有恍神的狀況！

高：妳也注意到了，每位老師在上課的時候，總有學生無法全程專注學習。

康：我下次應該要再要求仔細一點。

高：其實妳已經做得很棒了。

康：真的嗎？謝謝！

高：現在再來看看，A-6 善於運用學習評量，在這個規準的 A-6-2 的檢核重點上你都能「適時檢視學生學習的情形」，妳覺得妳自己做得比較滿意，以後大概也會繼續再做下去的地方還有哪些？

康：我想我會繼續運用小組競賽得分記錄的機制，來提醒我自己學生了解我的教學內容了嗎？

高：對，我也發現這個策略不錯，我覺得學生的口語表達技巧也很好。

康：我們班經常安排小組討論與發表的機會，每位學生都有能力清楚的表達。

高：真的喔，那表示你們在各領域都有討論與報告的指導和練習，難怪即使臨時抽籤到的學生上台就可穩健的發表。

高：對，在觀察妳的這一節教學的時候，我還有記錄了一些比較特殊的事件，在這一欄裡面，我們來看一下 B-1 建立有助於學習的班級常規。

康：這個部分嗎？

高：對，第一，我發現一上課有一位學生上台敲三角鐵，然後全班就唸「優秀是教出來」的其中三條規範。第二點，我發現大多數的學生都能主動的拿出這節課要用的學用品。第三，我發現妳對學生講話非常和善，態度也很尊重，貴班不論學生和老師的表現都相當不錯。

康：我在班級經營或教學都採用分工合作的機制，例如今天是星期二，就由第二組負責執勤敲三角鐵提醒同學入座準備上課，可能有秩序比賽的關係，小組會合作彼此提醒，再來我都將學生當作大人般尊重，這種方式較容易建立孩子的自尊與自信。

高：這表示妳非常在意孩子健全人格的發展。

康：是呀！

高：好，來，那我們現在回到最前面，在 A-2 清楚呈現教材內容這個指標整體來看，康老師，妳覺得自己的表現結果應該是屬於哪一個程度呢？

康：A-2 清楚呈現教材內容我想是「優良」，A-3 到 A-6 的表現結果我想也是「優良」。但是 B-2 營造積極的班級學習氣氛，因為有部分學生在分組討論的時候無法專注學習，所以我覺得只能勾到「滿意」。

高：康老師，妳太謙虛了，我覺得 B-2 營造積極的班級學習氣氛，妳表現得非常好，全班只有少數幾個學生在小組討論時不是很專心而已，應該是「優良」，不過，妳既然這樣說，那我們就勾「滿意」，好不好？

康：好，謝謝！

高：我覺得從妳這一整節課裡，也讓我找到許多值得我學習的地方。

康：有關 B-2 這個部分不知道高主任有沒有什麼可以給我建議？或提供我可以再成長再更精進的部分？

高：其實這個問題，我覺得妳可以去教育資料館找找看，有沒有一些教學相關書籍或影片，看其他老師如何營造積極的學習氣氛。

康：另外，因為我帶的是高年級，所以常會讓小朋友分組合作討論，所以在合作學習這個部分，不知道高主任有沒有什麼建議，可以讓我更精進、更成長？

高：「合作學習」我知道有許多專書在討論，我相信從相關的專書上一定會給妳很多可以再調整或者是精進的地方。

康：那我把我的教學過程錄影下來之後，我可不可以邀請高主任再陪我一起看我的錄影帶，然後來協助我成長？

高：好，我很樂意。

康：謝謝高主任。

高：都是我在看妳的教學，給妳回饋，哪一天可不可以請妳到我的教室來觀察我的教學，也請妳幫我做觀察記錄，這樣子也給我一些回饋，讓我成長，好不好？

康：我很樂意，這樣我們可以一起學習，一起成長，讓我們在專業上可以更上一層樓。

高：對，我覺得彼此互相觀察給回饋，不管是教學者跟觀察者，我們大家彼此都可以有成長的機會。

康：真的很謝謝高主任這一次來看我的教學，讓我在班級經營的常規、學習氣氛都能夠有一個很明確的努力的目標，真的太感謝你了。

高：不要客氣，我覺得我們兩個人合作得很愉快，相信以後有機會，我們再繼續彼此互相教學觀察，一定會成為更專業的老師。

康：我很期待喔！

高：讓我們一起加油！謝謝。

階段二之五：填寫綜合報告表

表 5-8　綜合報告表（表 5A）

壹、基本資料

教師姓名：康心怡　任教年級：五

任教科目：數學　日期：98/3/26

貳、填寫說明

請評鑑者將「教師自評表」、「教學觀察表」、「學生意見調查表」所得到的結果轉錄於表中相對應欄位，然後在各項評鑑項目上，逐一判斷受評鑑教師是否具備能力（已具備能力者打＊）、是否需要成長。最後再經由與受評鑑教師的討論後，在總評意見中，補充說明受評鑑教師整體表現的優劣得失以及具體成長建議。

層面	評鑑指標	教師自評			教室觀察			學生意見		是否具備能力	是否需成長
		優良	滿意	待改進	優良	滿意	待改進	多數支持	少數支持		
A課程設計與教學	A-2 清楚呈現教材內容	☑			☑			✓		＊	否
	A-3 運用有效教學技巧	☑			☑			✓		＊	否
	A-4 善於發問啟發思考	☑			☑			✓		＊	否
	A-5 應用良好溝通技巧	☑			☑			✓		＊	否
	A-6 善於運用學習評量	☑			☑			✓		＊	否
	A-7 達成預期學習目標	☑			☑			✓		＊	否

層面	評鑑指標	教師自評			教室觀察			學生意見		是否具備能力	是否需成長
		優良	滿意	待改進	優良	滿意	待改進	多數支持	少數支持		
B 班級經營與輔導	B-1 建立有助於學習的班級常規	☑			☑			✓		*	否
	B-2 營造積極的班級學習氣氛		☑			☑		✓			是

總評意見（請說明受評鑑教師整體表現的優劣得失以及具體成長建議，如果空白不夠填寫，請自行加頁）:

1. 受評鑑教師優點是：

教學者能先將教學內容組織成有系統的完整知識，再透過提問與回答與學生保持互動，維持學生學習的專注力，並運用合作學習及互評的模式，培養學生互助合作的技巧，教師也能充分掌握學生學習狀況。

2. 受評鑑教師待成長的地方是：

教學者依據其教學理念，期待在學生學習的過程能同時培養合作的態度與技巧，惟透過教學觀察後，察覺有五位學生未能投入討論的活動，經與教學者會談後，教學者決定成長的目標是營造積極的班級學習氣氛，期待培養學生積極的學習態度，經營互助分享的班級氛圍。

3. 具體的改進建議是：

(1) 閱讀班級經營技巧相關書籍。
(2) 向擅長合作學習的教師請教合作學習的教學技巧。
(3) 觀察班級氣氛佳的老師教學，並記錄營造班級學習氣氛的技巧，啟發學生思考，以提供自己反思與修正。
(4) 錄下自己教學過程，特別分析班級學習氣氛。
(5) 請學生寫出班級學習氣氛與同學合作互助狀況，提供回饋意見改進教學。

階段三之一：擬訂與實施專業成長計畫

表 5-9　教師個人專業成長計畫表（表 6A）

教師姓名：康心怡　　學校名稱：臺北市永安國小
任教年級：五年級　　任教科目：數學

1. 指出教師已達成的教學成就或專業表現

已具備能力的評鑑指標
A-2、A-3、A-4、A-5、A-6、A-7、B-1

2. 指出教師需要成長的評鑑指標（一個評鑑指標請用一張表格）

需要成長的評鑑指標				
B-2 營造積極的班級學習氣氛				
發展層次	特定的成長活動（列舉可以採行的活動）	合作人員	預訂完成日期	實際完成日期
知道	閱讀班級經營技巧相關書籍： 1. 吳明隆（民95），班級經營——理論與實務。臺北：五南。 2. 黃政傑、吳俊憲（民95），合作學習：發展與實踐。臺北：五南。	高紅瑛主任	98/05/25	98/05/30

探究	1. 向高主任請教班級經營技巧。 2. 觀察羅老師的教學，記錄羅老師上課如何營造班級學習氣氛，啟發學生思考，以提供自己反思與修正。 3. 錄下自己教學過程，特別分析班級學習氣氛。	高紅瑛主任 羅明惠老師	98/06/10	98/06/15
試驗	1. 錄下自己的教學，並邀請紅瑛主任與明惠老師一起看光碟，記錄自己探究後所獲得的班級經營技巧，以了解營造班級學習氣氛之改善情況。 2. 教學活動後，請學生寫出班級學習氣氛與同學合作互助狀況，提供回饋意見改進教學。(97學年度下學期輔導策略如下表)	高紅瑛主任 羅明惠老師	98/06/13	98/06/20
建立	將試驗結果進行調整後，營造積極的班級學習氣氛於班上各領域的教學活動，讓這項剛形成的「新教學行為」內化成為自己的「教學技巧」。	高紅瑛主任	98/06/20	98/06/25
決定	將自己改進歷程記錄下來，並與夥伴教師分享心得。	李孟霓老師	98/06/25	98/06/30

檢討會議的預定時間和日期　　　　日期：6月30日

時間：16:20至17:00

教師簽名：康心怡　　　　評鑑者簽名：高紅瑛

階段三之二：實施專業成長計畫之後

表 5-10　心怡老師的 97 學年度下學期輔導策略

姓名	97 學年度下學期輔導學生策略
子 #	過度在意小組競賽，宜放寬心胸，寬待同學，多閱讀，展現創意。 ◎請他整理小組競賽的成績，讓他培養接納同儕的雅量，對於弱勢同學要能多鼓勵與協助。
丑 #	肯定他在班級領導力的表現，身體腸胃的部分經常有狀況，正在觀察狀況是否與弟弟相關。 ◎鼓勵他參加説書比賽，突破自己的學習瓶頸。同時提醒他在校的領導力可以嘗試運用在弟弟身上。
寅 #	期末獲得永安好兒童進步獎，同學及老師給予肯定，學業平均成績亦在 85 分以上，要能體諒母親的辛苦，好好加油。 ◎建議擔任本班小老師及班級樂棒訓練隊長。
卯 #	要記得讓同學也有機會表現與回答，不要過度逞強以免影響人際關係。多閱讀，落實寫作練習，能將所學修辭或成語運用在語文的表達。碰到不懂的一定要問。 ◎建議擔任班級小老師一對一教學，肯定他對同學的指導。
辰 #	選喜歡的書閱讀，寫生字詞要先圈選部首，認真練習。 ◎下學期要參加班級的一對一教學、愛心媽媽陪讀及資源班徐老師指導。擔任樂棒隊長，必須多關注自己的行為。
巳 #	多予表現機會，並作社會性獎勵。要求作業合乎水準，言行舉止更穩健，有困境要在第一時間解決。 ◎請他擔任午餐的輔導員，鼓勵同學整齊放置餐具。讚美他的學習專注與行為穩健進步。

午#	肯定他在熱舞、乒乓球及口才方面的表現，具體建議他收書包確認兩次，提醒他當天作業務必完成，培養負責的態度。 ◎鼓勵他早到並請母親配合在家要求他完成作業，給予他頒獎時喊口令的工作。
未#	幾次處理與同學的爭執，才到一半他就笑出來，能自我覺察自己的計較與小心眼。 ◎建議他擔任下學期的小老師服務，並希望父母親對他的教育能夠正向肯定多，減少動手次數。他表示不願意擔任小老師，倒是願意到外掃區服務。
申#	鼓勵多服務，就可體會服務的內在價值，而不易與同學起小爭執。 ◎鼓勵表達意見、做他自己，參與小團輔活動練習。
酉#	鼓勵認真學習，承諾訂正要落實。言行宜更穩重，一步一步走路，要能關注同學安全。 ◎鼓勵他進一步表現，學習更主動且專注。
戌#	在週二、四、五運用午休一對一小老師教學，請主動報名參加。 ◎提醒他說話要注意語句的選擇不要降低自己的品格水準，也鼓勵他參加說故事競賽，目前已入選。
亥#	鼓勵多閱讀，應用所學的修辭與成語在造句及作文方面。 ◎建議主動提問解決語文問題，也請他教同學數學。
甲#	要求不再說謊，在第一時間面對自己的犯錯。 ◎建議運用恰當的時間運動，學業盡力即可，但是要勇敢面對自己的困境不要再說謊。
乙#	建議改掉咬指甲習慣，並建立正確價值觀。告知若是負面行為引起同學注意，長期下來會讓同學主動疏離。 ◎請他多為同學服務，增進與同學互動的機會。

丙#	建議閱讀，培養理解及思考能力，主動參與班級討論活動，表達自己的意見。 ◎請家長多關注孩子，但請培養獨立自主的能力。
丁#	學習表現佳，閱讀習慣已建立，每週平均有 3-4 小時，惟在應用上較不熟練。 ◎建議他除了語詞正確運用外，要有豐富的內容與融入創意；並鼓勵他服務同學的好表現。
戊#	建議除了閱讀，要多思考、運用已學過的修辭或成語增加句子的創意，此外要磨練自己口語表達能力。 ◎要接受自己會犯錯，勇敢面對自己，不要冒充母親簽名。
己#	建議多閱讀、多思考，並運用在學習上。與同學互動要注意態度及用語。 ◎建議和好友討論書的內涵，勝過聊八卦，要專心學習，充實內涵。
庚#	建議運用記事本或 3M 自黏貼，作核對作業的功夫。他承諾會盡力加油，作自我提升。 ◎提供他服務的機會他都很樂意，對於學習，鼓勵他提問。
辛#	建議擔任班級幹部在領導管理時宜温和正向，多主動為班級服務，複習數學的時間要與語文相同。 ◎練習思考與同學應對的方式。
壬#	建議將閱讀應用在語文及口語表達。 ◎鼓勵他耐心檢視自己的作業，上課能多參與討論。
癸#	建議多閱讀，藉由服務同學拓展人際關係與建立自信，鼓勵參與下學期數學一對一教學。 ◎並未加入一對一教學，身體為重需要午睡。
忠#	會談後，孩子表示是自己分心，詢問在想什麼？他表示是出神。 ◎鼓勵他認真聽課，達到事半功倍的效果，也與父母溝通減少用物質的鼓勵。

孝 #	肯定他的服務精神，建議領導時要溫和對待同學。 ◎鼓勵他耐心面對自己的學習，要肯下功夫，平日講話音量降低。
仁 #	運用期末成績為例，鼓勵他有困境要即刻解決，而且下學期已沒上安親班，一定要誠實面對自己。 ◎對待同學要保持情緒的平穩、和善的態度。
愛 #	建議他多閱讀，多思考。儘量減少與同學八卦。 ◎學習要有自主性，逐漸減少依賴母親。
信 #	因為母親期望高，孩子頗為膽怯，在期末曾目睹母親在馬路邊高聲罵孩子，讓孩子大聲哭。 ◎期末同樂會老師的表演邀請他擔任助手，並請他登記打掃分數。
義 #	期末要求掌握主動權，落實預習與複習的功夫；並鼓勵多結交朋友。 ◎鼓勵他主動參與圖書館活動，講故事給學弟妹聽。
和 #	做事動作快又俐落，學習態度在期末也日漸進步。 ◎建議要落實預習和複習，鼓勵參加數學一對一教學活動；並多結交朋友拓展生活圈。
平 #	建議落實複習功夫，多與同學互動；家中問題可隨時告知老師。 ◎鼓勵參加數學一對一教學活動。

第 6 章

專業發展評鑑系統之相關研究

第一節　教師自我評鑑與專業成長計畫

張德銳

壹．緒論

中小學教師專業能力的發展及專業地位之建立，是教育品質提升的關鍵。世界教師組織聯合會在 1990 年代表大會中強調「教師在其專業執行時間，應不斷精進，繼續增加其知識與經驗，不斷發展其不可或缺的素質」。足見教師專業發展已是世界潮流訴求的重點。國內近來教育改革的訴求，亦多強調塑造教師專業形象、提升教師專業能力與促進教師專業自主權。由此可知，如何塑造一個能支持全體教育人員不斷地終生學習、精進發展的教育生態，以及如何建立一個激勵教師不斷追求自身專業知能成長的機制，將是當前我國教育改革的重要課題之一。

我國教育部業已於 94 年 10 月 25 日討論通過的「教育部補助試辦教師專業發展評鑑實施計畫」，係一種以評鑑為手段，以教師專業發展為目的之形成性教師評鑑方案。這種以教師專業發展為目的之教師評鑑，國內學者簡紅珠（1997）稱之為「專業導向的教師評鑑」，而張德銳（2004）則謂之為「專業發展導向教師評鑑」，亦即係根據教師表現的規準，蒐集一切有關訊息，以了解教師表現的優劣得失及其原因，其目的在提供意見和建議，以協助教師改進教學，或提供適當的在職進修課程和計畫，促進教師的專業發展。

在形成性教師評鑑中，教師自我評鑑是一個非常重要的評鑑方式；缺乏教師自我評鑑，形成性教師評鑑將失去其主要意義和價值。這也是為什麼在「教育部補助試辦教師專業發展評鑑實施計畫」第五點中，便明訂教師自我評鑑係教師專業發展評鑑的二個主要評鑑方式之一：

> 教師專業發展評鑑方式分為教師自我評鑑、校內評鑑二種。教師自我評鑑，由受評教師根據學校自行發展之自我評鑑檢核表，填寫相關資料，逐項檢核，以了解自我教學工作表現。校內評鑑，由學校教師專業發展評鑑小組安排評鑑人員進行定期或不定期評鑑。評鑑實施時應兼重過程及結果，得採教學觀察、教學檔案、晤談教師及蒐集學生或家長教學反應等多元途徑辦理。採教學觀察實施時，由校長召集，以同領域或同學年教師為觀察者，必要時得加入學校教師專業發展評鑑小組所推薦之教師或學者專家。

「教育部補助試辦教師專業發展評鑑實施計畫」行將於95學年度開始試辦，然而國內教育實務人員對於教師自我評鑑仍缺乏深切的認識，且國內教師自我評鑑方面的論述亦頗為不足，在學位論文方面僅有蘇秋永（1995）、高曉婷（2003）、葉又慈（2005）等三篇碩士論文，在期刊論文方面亦只有張賴妙理（1998）、劉正（2000）、黃宗顯（2004）等三篇論文。因此，無論從教師評鑑實務以及學術研究的角度，教師自我評鑑方面的論述，國內有亟待加強的空間。

在教師評鑑的實務運作中，教師自我評鑑是手段，教師的專業成長才是目的。亦即教師自我評鑑，係鼓勵教師進行教學省思，然後依據省思結果，一方面自我肯定，另一方面就教學上的缺失，提出專業成長計畫。因此，如何引導教師在自評的過程中，加強教學省思，然後提出專業成長計畫，有其合理性和必要性。是故本文擬先論述教師自我評鑑的意義、目的和限制；其次論述教師自我評鑑和教學省思的關係；然後說明教師自我評鑑的正確觀念、歷程和方法，以及如何根據教師自我評鑑結果，提出專業成長計畫；最後再以一個教師自我評鑑和專業成長計畫的實例做結束。冀望本文的提出，能對我國教師評鑑實務的推動，能有所助益。

貳．教師自我評鑑的意義、目的和限制

Richardson（1975）認為教師自我評鑑係由教師自我發現自己教學優缺點，然後進行自我挑戰的方法。Bailey（1981）指出，教師自我評鑑是教師運用一系列連續回饋策略所進行的自我檢視歷程。Barber（1990）主張教師自我評鑑係教師透過各種評鑑工具來蒐集有關資料，以評鑑自己的教學是否達成預期目標，覺知自己教學的優缺點，進而改善教學的歷程。Airasian與Gullickson（1995）亦提出教師自我評鑑係教師為了自我改善之目的，判斷自己的知識、表現、信念和成效之適切性和效能的過程。

國內學者蘇秋永（1995）認為教師自我評鑑是教師運用適當的評鑑工具，於教學的過程中，自我思考與檢討，深入了解自己的教學工作表現，發現優缺點及改進發展的需求，

以獲得持續性的反省和進步。張賴妙理（1998）主張教師自我評鑑是以教師本身作為評鑑者和被評鑑者，針對學科專門知識、一般教學信念、教學表現和教學效果等各方面，進行資料蒐集、檢視、反省、判斷、改變與再評鑑的歷程。高曉婷（2003）提出教師自我評鑑係教師於教學過程中，利用各種策略與工具，協助自己做反思及檢討的連續歷程。黃宗顯（2004）則指出，教師自我評鑑意指教師透過自我反省、同儕回饋、學生學習、家長反應、教學記錄等各種可能途徑，蒐集資料，針對自己的教學觀點、態度和行為作價值判斷，藉以了解和提升自己的專業知能。

綜合上述國內外學者的觀點，本文認為教師自我評鑑係「教師運用各種評鑑工具，針對自己的專業知識、表現和信念，蒐集資訊並加以深刻反省，以發展和改善自我專業表現的歷程。」以上定義含有下列五個要點：第一，教師自我評鑑是以教師本身作為評鑑者和被評鑑者，既是評鑑主體，亦是評鑑客體；第二，教師自我評鑑的對象係針對自己的專業知識、技能和情意，既重視教師表現的過程，亦重視表現的結果；第三，教師自我評鑑的資料來源有自我檢核表、同儕回饋資料、學生或家長反應等資料，這些資料可以運用多元的工具加以蒐集；第四，資料蒐集後，必須歷經深思熟慮，以判斷專業表現的優點和缺失、決定改善計畫，以及後續追蹤改善成效的連續歷程；第五，教師自我評鑑的目的在自我發展和成長，而不在於作為僱用教師、續聘教師、決定教師薪資水準、表揚優秀教師，以及處理不適任教師的依據。

從上述定義的第五個要點，可知教師自我評鑑的目的為「形成性目的」而不是「總結性目的」。這一點在學術界亦有共識。Barber（1990）主張教師自我評鑑的目的在於增進教師對於自己優缺點的掌握和了解，進而改善教學效果。Airasian 與 Gullickson（1995）強調教師自我評鑑旨在檢視與改進教師本身的實務工作。蘇秋永（1995）、馮莉雅（2001）亦皆主張教師自我評鑑的目的在於促進教師教學省思，提升教學效果，增進教師專業發展。

教師自我評鑑作為一種形成性教師評鑑，其和總結性教師評鑑實有其區隔的必要性。McColskey 與 Egelson 便指出教師作為被評鑑者與評鑑者時，在面臨形成性目的和總結性目的之同時，其角色實屬尷尬：教師如果知道他們平常表現的缺點將被列為績效考核的依據時，他們勢必在自我評鑑的階段，刻意隱瞞自己的缺點，如此作為形成性評鑑之一的教師自我評鑑勢必無法達成自我揭露、自我改善的目的（引自高曉婷，2003）。

教師自我評鑑作為一種專業發展的手段，在日益強調教師專業發展的今天，有其時代意義與價值，但由於在實務實施上的問題與限制，並不適合運用於績效考核和人事決定上。Brighton（1965）認為許多教師，尤其是那些不適任教師和缺乏安全感的教師，往往會高估自己的教學表現；而那些過於謙遜的教師則會低估自己的教學表現，因而造成了教師自我評鑑資料的不正確性。Barber（1990）則認為教師自我評鑑的實施，可能會有下列困難：(1) 欠缺客觀性；(2) 欠缺正確性和信度，對能力和表現不是一個有意義的測量；(3) 個人往往認為自己表現精熟，因而造成誠實、客觀的評鑑很困難，甚至是不可能；(4) 評鑑會變成一種自我辯解的形式（例如不適任者不會承認自己表現令人不滿意）；(5) 表現平庸的教師比起優秀的教師，會自評得較不準確；(6) 評鑑結果難以量化。高曉婷（2003）亦對各種教師自我評鑑的方式提出使用上的限制，例如教師使用自評表和自評報告，會有下列三個限制：(1) 缺乏外在的參考，端賴教師的記憶與主觀意識來回答，會降低結果的可信度；(2) 若自評表過於繁瑣，造成教師額外的負擔，反會影響教師自我評鑑的效益；(3) 自評報告的資料不易量化。

本文作者認為教師自我評鑑係一種有效的形成性評鑑方式，因為只有教師本人對自己的教學實務具有最廣泛、最深刻的了解，並且透過內省和實際的教學經驗，教師能夠對自己的表現形式和行為做一個有效的評估。惟因教師自我評鑑的主觀性、月暈效應、信度和效度有限、評鑑結果難以量化等問題和限制，並不適用於總結性評鑑。

另外，教師自我評鑑如能跟其他評鑑方式一起使用，且當教師知悉自己的評鑑結果要和其他評鑑方式作比較時，應會較認真確實地評估自己的表現從而積極改進。這種運用多元評鑑方式，並尋求多種資料來源的平衡和交叉檢核，係教師評鑑運作的主流思維之一（Peterson, 2000）。

參．教師自我評鑑和教學省思的關係

Airasian 與 Gullickson（1997）認為教師自我評鑑之所以令人質疑，可能是因為缺乏洞察力和深度，以及對自己的表現存有嚴重的偏見，而導致不能令他人信服；因此，他們特別提醒教師自我評鑑的核心歷程，係在於「省思」（reflection），亦即教師對某一特定事務或行為，進行內在的自我慎思歷程，以求對事務的情境能更深入的分析與了解，進而尋求解決之道的行為。如缺乏省思的歷程，則教師透過各種自我評鑑方法或工具所蒐集的自我表現資料，只是一堆無意義或價值性不高的資料；有了深刻的思考，教師如能就自我表現的資料，掌握與了解自我表現的優劣得失及其背後的原因，並且試圖加以保留和改善，教師自我評鑑資料便能產生深刻的意義和豐富的價值。

Schon（1983, 1987）以及一群國外的學者（如 Kuhn, 1991；Osterman & Kottkamp, 1993；Van Manen, 1991）一再強調教學省思的重要性，他們認為教師必須省思其教學實務，以便了解、批判、修正其實務；省思是教師建構知識和專業發展歷程的核心部分，也是教師專業主義的重要表現。國內學者洪福財（1997）主張教師對於其教學的適切性與正當性進行批判反省，才足以改革教學、促進教師專業成長、提升教學品質。陳靜文（2003）亦認為教學省思是一種主動持續、仔細思考的內隱性歷程，經由此種歷程，教師對本身的專業知識、表現和信念，不斷地反省、思考、批判、辯證，才能重新組織與建構教學經驗並改進教學實務，提升教師專業成長。

Airasian 與 Gullickson（1997）將教學省思與教師自我評鑑的關係，分成三方面加以論述：「教學中的省思」（reflection in action）、「教學後的省思」（reflection on action）、「強化的省思」（enhanced reflection）。這三種省思的時機和效用性各有不同，茲說明如下：

教學中的省思，係主張教學是一個不斷作決定的歷程。教師為了有效作教學決定，必須在教學情境中，不斷審視、思考與修正自己的教學策略和教學行為。這種教學情境中的省思，係一種自發性的、靜默的省思，也可以解讀成一種在教學過程中川流不息的自我評鑑經驗。Airasian 與 Gullickson（1997）認為，有鑑於教室中的複雜性和不確定性，這種嘗試錯誤、自我評鑑的經驗，係教師形成「個人實務知識」（personal practical knowledge）的必備條件。

然而有鑑於教學中的省思，在快速的教學事件中，省思的時間非常短促，省思的深度較為膚淺短薄，教師另有必要進行「教學後的省思」。比起教學中的省思，教學後的省思係一種更有深度的教師自我評鑑。Airasian 與 Gullickson（1997）強調，教學後的省思，係一種更為「主動性」的經驗（proactive experience），而不是「被動性」的反應（reactive experience）；係一種從「實務外」（out-of-practice）獲得自我知識的省思，而不是從「實務內」（in-practice）獲得自我知識的省思；係一種更為自覺、更有計畫的省思，而不是一種自發性的、靜默的省思。

教學中的省思和教學後的省思固然皆有價值，但是由於缺乏外部的回饋，這二種省思的進行仍有其盲點，故其效用性會受到相當的侷限。有鑑及此，Airasian 與 Gullickson（1997）乃力倡「強化的省思」，亦即以外部、客觀的資訊來強化教師的省思內涵，因為教師有了外部資訊作為輔助，其所做的自我評鑑會更清明、更合乎周遭相關人士的期待，而不會流於「坐井觀天」、「當局者迷」之弊。具體言之，

Airasian 與 Gullickson（1997）主張，強化的省思有下列長處：第一，有關於教師表現的外部的資訊，可引導教師跳脫教學中省思和教學後省思所處的封閉環境。第二，來自外部正式的、有證據蒐集效果的自評工具，允許教師將關注的焦點，超越當前立即的情境，而能關注到更全面性、前瞻性的教學發展與革新。第三，來自正式的、外部的資訊，可以提供一個比較的基礎，允許教師就自己表現的知覺和詮釋，做更深入客觀的檢視。

為了輔助教師進行強化的省思、教師實務的覺察、自我評鑑的推行，Airasian 與 Gullickson（1997）提出了八個一般性的方法或途徑：(1) 自我省思工具，如自評表或問卷；(2) 媒體紀錄和分析；(3) 學生回饋；(4) 教學檔案；(5) 學生表現資料；(6) 外部同儕觀察；(7) 教室日誌；(8) 同事對話、經驗分享、聯合問題解決。對於這些方法的進一步說明，請參見下一小節的論述。

肆．教師自我評鑑的正確觀念、程序和方法

教師自我評鑑的遂行，與教師的態度和信念息息相關。張賴妙理（1998）認為要執行一個成功的自我評鑑，教師要知覺到本身教學上的問題，有改變的意願，才會對自我評鑑有實施上的需求。Airasian 與 Gullickson（1997）則提出教師自我評鑑的正確信念：

1. 教師要有專業成長機會的需求。
2. 教師會希望改進他們自己的實務和知識；教師渴望獲得有關他們自己知識、表現和效能的資訊。

3. 給予時間、鼓勵、資源，教師對於自己的成長和發展，有能力承擔責任。

4. 合作能豐富教師的成長和發展。

在上述正確的態度和信念基礎下，Airasian與Gullickson（1995）將教師自我評鑑的程序分成下列四個階段：

1. 確認問題：教師在改變的意願和企圖中，逐漸形成有關教學實務的問題。教師將關注焦點置於所強調的問題，確認所需蒐集的資訊，決定能幫助達成預期結果的規準。本階段的關鍵問題係「要評鑑什麼？」。

2. 蒐集資訊：教師運用正式與非正式管道蒐集資訊，但較宜蒐集一些正式的證據，俾使教師知覺到本身的實務工作，作為教師省思和詮釋的基礎。本階段的關鍵問題係「如何評鑑？」。

3. 省思與決策：教師省思和詮釋所得資訊，俾對相關的實務、信念或效應作出決策。本階段的關鍵問題係「對我的教學而言，這些資訊代表什麼意義？」。

4. 應用與改變：教師為了要達成教學實務上的改變而擬訂計畫。本階段的關鍵問題係「現在我要採取什麼行動？」。

在教師自我評鑑歷程中，教師可採用的自我評鑑方式，大約可分為「自評表」、「自評報告」、「教室日誌」、「媒體紀錄與分析」、「第三者協助」、「學生回饋與表現資料」、「教學檔案」、「教學行動研究」等八種方式（高曉婷，2003；張賴妙理，1998；Airasian & Gullickson, 1995, 1997），茲敘述如下：

1. 自評表：包括量表（scale）與檢核表（checklist）。量表內容係一系列的教學目標、技能或行為等，讓教師就自己的態度或表現來評定等級。檢核表常以特定屬性出現與否（有／無；是／否）的形式呈現。
2. 自評報告：自評報告常使用與教學相關的開放式問題要求教師回答，例如：「我的優點或特色是什麼？」「我的教學關注或目前遇到的挑戰是什麼？」
3. 教室日誌：教師以日誌或札記方式，記錄重要的教學事件、成果、發現、困難和感受，以提供教師省思本身的工作和觀念思想。如果是長期的紀錄，則可提供教師教學進步與改變的證據。
4. 媒體紀錄與分析：透過錄音、錄影方式記錄「微型教學」（microteaching）的過程或現場的教學事件，可以讓教師清楚地檢視自己的教學，係最有力的自我評鑑方式。
5. 第三者協助：第三者可以是顧問、專家，更可以是同事，他們的角色不是評鑑者，而是對被觀察者進行觀察，再將觀察資料交給教師自我分析，並不涉及評鑑。另外，教師可以和同事或他校教師，經由專業對話，獲得他人的觀點與經驗，來和自己的教學作比較。
6. 學生回饋與表現資料：教師可以用問卷調查或晤談的方式來取得學生的回饋作為自我評鑑的資料，教師亦可蒐集學生表現的資料，如習作、評量結果等，來確認教學上需要改變或加強的地方。

7. 教學檔案：教學檔案係指有目的、有系統地蒐集（collect）、選擇（select）和省思（reflect）各項教師教學的資料而組成的一套文件或紀錄，以提供教師有關於自己教學目標、信念、知識、技能、專業發展的證據。

8. 教學行動研究：教師同時扮演「教學者」與「研究者」兩種角色，在教學情境中，覺察、了解教學實務問題，且針對問題進行探究，研擬相關行動策略，並透過省思、回饋與修正行動策略等方式，達到解決問題之目的，用以改善教師教學，進而增進教師專業及效能。

伍. 教師自我評鑑與專業成長計畫

如上所述，教師自我評鑑係一種發現問題、蒐集資訊、自我省思、成長改變的歷程。可見教師自我評鑑要發揮功效，必須在最後一個階段上，著力於規劃與執行專業成長計畫，才能竟全功。否則在臨門一腳上，躑躅不前，功虧一簣，殊為可惜。

Harris 與 Hill（1982）、張德銳等人（1996, 2000, 2001）在其形成性教師評鑑系統中，均設有評鑑後的「專業成長計畫」，可供參與自我評鑑的教師自行設定，或者和評鑑者共同協商後，以具體的文字記載：(1) 受評鑑教師可以採行的專業成長活動；(2) 完成每個活動的預定時間表；(3) 評鑑者必須提供給受評鑑教師的協助之種類。

Harris 與 Hill（1982）主張在計畫成長活動和選擇資源

時，受評鑑教師必須考慮成長活動的發展層次。如圖 6-1 所示，他們認為教學技巧的發展層次可以分為由低到高，從「知道」到「探究」、「試驗」、「建立」、「決定」等五個層次。每個層次所進行的成長活動類型，各不相同。例如，在「知道」層次上，較適宜進行的活動計有：閱讀和研討、參與討論會、觀賞影片和錄影帶、參加筆試等。當然，教師必須從已經掌握的教學行為層次開始著手，然後往下一個層次發展，直到經常廣泛地使用為止。

Harris 與 Hill（1982）強調，受評鑑教師和評鑑者如已經共同決定了所要採行的專業成長活動。則在下一個步驟，就必須依照約定的計畫，努力實施成長計畫，並且依照原來預定的日期，召開檢討會議。在檢討會議中，要認可教師新近完成的成就。認可的方式有兩種：其一是將教師的成就記錄在「教師成長記錄簡表」，其二是頒發給教師一份成就證書。如果受評鑑教師認為，雖然經過既定的改進活動，仍有某些教學弱點未獲得充分的改善，則在此時，受評鑑教師和評鑑者可以決定重新研擬另一套改進活動計畫，或者延長改進活動的實施時間。

陸. 教師自我評鑑和專業成長計畫的實例

由上述說明可知，教師自我評鑑的方式很多，並不限於「自評表」，除自評表外，尚包括「自評報告」、「教室日誌」、「媒體紀錄與分析」、「第三者協助」、「學生回饋與表現資料」、「教學檔案」、「教學行動研究」等多元方式。

此外，「教育部補助試辦教師專業發展評鑑實施計畫」

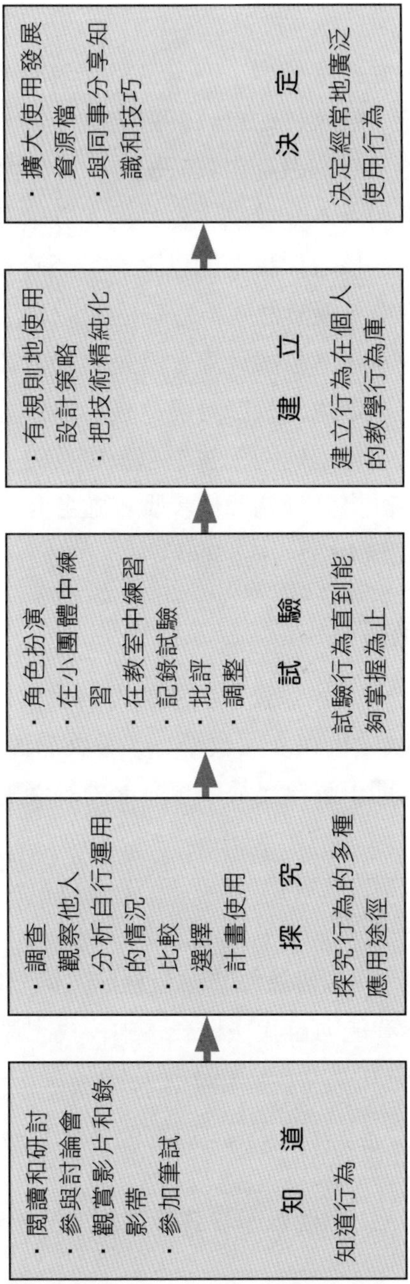

圖 6-1　發展性教師評鑑系統中的教學技巧發展層次

資料來源：Harris & Hill, 1982, p.55.

中所明訂的「自我評鑑檢核表」亦只是自評表的一種而已，它應是一種較傳統、較狹義的自我評鑑方式。惟有鑑於「自我評鑑檢核表」係部訂的教師自我評鑑方式，而且在自我評鑑實務中又頗為常用，本文擬以「教師個人教學專業發展計畫」中的自我評鑑檢核表做實例加以講解。至於其他自我評鑑方式，因限於篇幅，擬於他處再行論述。

「教師個人教學專業發展計畫」乃是透過教師對自我能力的了解與分析，以期找出教師急需改進的教學專業能力，進而引導教師發展並實施個別化教學專業成長的系統。教師個人教學專業發展計畫共分為四個步驟，並各有其實施的工具，茲分別說明如下（張德銳等，2003）：

步驟一：自我評估

教師完成工具一「教師教學專業能力自我檢核表」（如表 6-1），經由自我分析在 6 個教學專業發展層面、29 個教學行為的現況，以期了解自己教學專業能力的優點和待改進之處。

步驟二：行為聚焦

教師使用工具二「教師教學專業發展能力摘要表之一」，以從「教師教學專業能力自我檢核表」中，找出最需要成長的十個教學行為。

步驟三：再聚焦

教師運用工具三「教師教學專業發展能力摘要表之二」，

以從步驟二所找出的十個教學行為中，再挑選出當前最急需成長的二至三個教學行為。

表 6-1　教師教學專業能力自我檢核表

壹、基本資料

教師姓名：陳明憲　　　日期：92.10.15

貳、填寫說明

下列各題目是有關教師教學專業能力教學行為，請以打「✓」的方式，在題目右邊四個選項中，勾選一個最能代表您個人目前情況的選項。

	總是能做到	經常能做到	偶而能做到	很少能做到
一、精熟學科教學				
1. 掌握任教學科領域的內容知識	☑	☐	☐	☐
2. 具備統整相關學科的能力	☐	☐	☑	☐
3. 了解學生的學習發展和個別差異	☐	☐	☑	☐
4. 設計適切可行的教學方案	☑	☐	☐	☐
5. 系統呈現教材內容，提供完整知識架構	☐	☑	☐	☐
二、活用教學策略				
6. 引起並維持學生學習動機	☑	☐	☐	☐
7. 運用多元的教學方法與學習活動	☐	☑	☐	☐
8. 運用教學媒體輔助教學	☐	☐	☑	☐
9. 善於發問，啟發思考	☐	☐	☑	☐
三、增進教學溝通				
10. 運用良好的語文技巧	☑	☐	☐	☐
11. 運用適當的語音聲調	☐	☐	☑	☐
12. 展現生動的肢體語言	☑	☐	☐	☐
13. 用心注意學生發表，促進師生互動	☐	☑	☐	☐

四、營造學習環境

14. 營造有利學習的班級氣氛 …………………… ☑ ☐ ☐ ☐
15. 妥善布置教學情境 …………………………… ☑ ☐ ☐ ☐
16. 有效運用教學時間 …………………………… ☐ ☐ ☑ ☐
17. 建立良好的教室常規和程序 ………………… ☐ ☑ ☐ ☐
18. 有效運用管教方法 …………………………… ☐ ☐ ☑ ☐

五、善用評量回饋

19. 規劃適切的學習評量 ………………………… ☑ ☐ ☐ ☐
20. 適切實施學習評量 …………………………… ☑ ☐ ☐ ☐
21. 透過評量活動，達成預期學習目標 ………… ☐ ☑ ☐ ☐
22. 善用評量結果，提供學生回饋與指導 ……… ☑ ☐ ☐ ☐
23. 依據評量結果，改進教學 …………………… ☐ ☐ ☑ ☐

六、善盡專業責任

24. 進行教學省思，悅納與改進自己 …………… ☑ ☐ ☐ ☐
25. 根據教學需求，主動尋求成長機會 ………… ☑ ☐ ☐ ☐
26. 與同儕教師合作，形成夥伴關係 …………… ☑ ☐ ☐ ☐
27. 結合家長協力教學 …………………………… ☐ ☑ ☐ ☐
28. 善用社區資源於學生的學習活動 …………… ☐ ☐ ☑ ☐
29. 熱心參與學校教學事務，貢獻教學社群 …… ☐ ☐ ☑ ☐

步驟四：發展教師成長計畫

教師完成工具四「教師教學專業成長計畫表」（如表6-2），也就是說，將前述二至三個教學行為，每個教學行為撰寫一份教師教學專業成長計畫。至於教師在撰擬成長計畫中的成長活動，則可參考系統研發小組依據各教學行為所發展出來的教師教學專業發展資源檔（張德銳等人，2003）。

表 6-2　教師教學專業成長計畫表

教師姓名：陳明憲　學校名稱：光陽國小　日期：92.10.20

教師優勢教學行為		教師需要改進的教學專業發展行為	
A1, A4, B1, C1, C3, D1, D2, E1, E2, E4, F1, F2, F3		A2 具備統整相關學科的能力	
發展層次	特定的成長活動（列舉可以採行的活動）	合作人員	完成日期
知道	至圖書館借閱課程統整相關書籍，並詳細閱覽以增進統整相關學科的知識和技巧。	林老師	92.10.30
知道	參加臺北市立教育大學所辦理研習——九年一貫課程統整研討會，藉以充分理解課程統整理論與實務。	林老師	92.11.15
探究	請教校內社會領域召集人黃老師，探詢其平常對於課程與教學設計上，採取的課程統整方式與技巧，以進一步了解比較。	黃老師	92.11.20
試驗	將閱讀、參加研討會以及黃老師經驗分享等課程統整知識和技巧，轉化成簡易的步驟，並將之應用在班級中社會領域課程統整設計與教學上之練習。	林老師 黃老師	92.12.10

柒．結論

作為一位現代的教師應接受合理的評鑑，惟合理的教師評鑑應以教師為主體並對教師的教學有實質的助益。身為現代的教師如能運用自評表、教室日誌、錄影、錄音、第三者協助等多元評鑑工具，針對自己的專業知識、表現和信念，蒐集資訊並加以深刻反省，以發展和改善自我專業表現，對於型塑自己的教學專業會有所增益。畢竟，專業係教師的唯一生存之道。

惟有效的教師自我評鑑並不是一件容易的事。首先，教師要有意願接受自我評鑑的挑戰。其次，教師能夠承擔和主導教師自我評鑑的歷程。如果教師意願不足，成長的動機不強，那麼教師自我評鑑所能發揮的功能就相當有限。其次，教師是進行教學省思和作自我評鑑的主體，必須要有能力學習相關自我評鑑的知識和方法，並能夠運用評鑑結果作有效的教學改變。

有效的教師自我評鑑亦不是一件廉價的事。它的成功必須端賴學校行政人員的付出，才能建立起一個支持教師自我評鑑的結構。在這一點上，Airasian 與 Gullickson（1997）認為行政人員要做的事有五：第一，覺察教師自我評鑑的重要性，並鼓勵教師進行自我評鑑；第二，協助教師學習相關自我評鑑的知識和方法，確保教師會使用適當的自我評鑑方法、規準與資源；第三，將教師自我評鑑列為學校的重要政策之一，並且貫徹執行；第四，提供教師時間、設備、人力、同儕互動機會等支援，便利教師進行教學省思與專業對話；第五，保護教師在自我評鑑歷程中，免於受到偏見資訊、暴露自我弱點、與總結性評鑑結合或掛鉤，所可能產生的負面影響或傷害。

「工欲善其事，必先利其器。」吾人深信教師自我評鑑係教師專業發展的利器之一。吾人亦深盼在教師和行政人員攜手合作下，教師自我評鑑能夠發揮協助教師了解自我、肯定自我，並從而積極改進自我、提升自我教學效能的功能。當然，吾人亦需謹記教師自我評鑑的問題和限制，而不做過度的運用和推論，當有利於教師自我評鑑實務在我國教育界的推動。

（本文曾於2006年發表於《中等教育》，第57卷第5期，20-35頁。承蒙該期刊之出版單位——國立臺灣師範大學師資培育與就業輔導處同意轉載於本書，特表謝忱。）

第二節　教學觀察與回饋對國小初任教師教學效能影響之研究

魏韶勤、張德銳

壹．緒論

隨著知識時代的來臨，現代人逐漸理解到教育對個人、社會、國家的重要性，教育改革的推動亦逐漸向理想邁進，面對知識爆炸的時代，教師除了自發性學習的動力外，也受到許多外在因素的影響，例如：教師分級制的影響、學生成就表現的重視、推陳出新的教改方案等（沈姍姍，2000）。為了與時俱進，資深教師應該體認專業成長的重要性，以因應多元社會的需求，而身為教育新兵的初任教師更應該有相同的體認。

國小教師教學的內容相當龐雜，教師在教學活動中所要注意的事項很多，如何在龐雜的教室活動中理出頭緒、把握重點，使得教室裡的教學活動能依教育原理正常運作，教師就必須講求「教學效能」，才能成為一位有效能與有效率的成功教學者（陳木金，1997）。因此，初任教師在投入教育職場後，應時時對自身教學效能有所體認與了解，並即時察覺與修正，否則，輕則是教師失去再學習的寶貴經驗，重則影響學生學習成效、影響學校辦學成效。因此，本研究欲探討臺北市教學輔導教師制度中，受輔導之初任教師教學效能的改變情況，此為研究動機之一。

此外，檢視師資培育的歷程，完整的師資培育應包括

「職前教育－導入教育－在職教育」等三個階段。其中，有關於初任教師的導入輔導，歐美先進國家所倡行的「教學輔導教師」（mentor teacher，簡稱教學導師，係校內資深優良老師經遴選擔任教學輔導工作），已是一個被廣為推展與接受的制度（張德銳、丁一顧、陳育吟，2003）。教學輔導教師制度的產生乃是為了因應促進教師專業發展，與提升教師專業自主的訴求，目標在於藉由同儕間的相互學習，以達到提升教學效能的目標。根據張德銳等（2002）的研究指出，對於教學輔導教師的服務內容中，行政人員、教學輔導教師、夥伴教師一致認為「教學觀察、提供回饋與建議」，是最常表現的服務項目，此揭示了教學觀察與回饋在制度上的普遍應用性，但其實施成效如何，有待進一步加以驗證。因此，本研究透過準實驗設計（quasi-experimental designs）中的單一團體時間系列（single-group time series），來探討教學輔導教師教學觀察與回饋歷程對受輔導之國小初任教師教學效能之影響，此為研究動機之二。

根據上述研究動機，本研究之研究目的有三：其一，分析臺北市 92 學年度教學輔導教師制度試辦學校中，受輔導之國小初任教師的教學效能現況；其二，分析教學輔導教師所實施的教學觀察與回饋，對這些國小初任教師教學效能之影響；其三，依據研究結果，提供具體建議，以作為初任教師輔導制度推動之參考。

貳．文獻探討

一、教學觀察與回饋之意義及其重要性

(一)教學觀察與回饋之意義

教學觀察是獲取教師教學行為資料的技術，而回饋則是使教學觀察發揮作用的重要關鍵歷程。張德銳（1991）認為，教學觀察是運用系統的抽樣方式和記錄工具，以了解教師教學表現與教學問題。系統的觀察抽樣，將使被觀察事件或行為有焦點；系統的觀察記錄工具，有利於觀察事件或行為的分析。C. M. Evertson 和 F. M. Holley 亦表示，教室觀察能提供有關班級氣氛、關係、互動和教學運作上的資訊，透過看班級中發生什麼事件，有助於了解和改進教育（引自 Millman, 1987, p.90）。而回饋一詞，根據《簡明牛津字典》（*Concise Oxford Dictionary*）的解釋，係針對一項產出或一個人工作的表現給予回應的資訊，用以作為改進的基礎（Oxford Reference's Homepage, 2003）。

本研究所指之教學觀察與回饋，係指臺北市小學教學輔導教師利用系統化教學觀察工具與技術，對受輔導之初任教師（服務年資二年內之教師）進行「每個月實施一次為原則」的教學觀察，並根據觀察所得客觀資料，與受輔導之初任教師共同討論分析，給予正面肯定與意見提供的過程。

(二) 教學觀察與回饋對初任教師的重要性

綜合陳美玉（1998）、彭寶旺等（2002）、Acheson 和 Gall（1998）、Borich（1994）等國內外學者的看法，教學觀察與回饋對初任教師的重要性可歸納為以下兩大方面，茲詳述如下：

1. 教學觀察與回饋促使教師改進教學表現

在改進教學表現方面，可包括下列八點：(1) 對自我教學行為的覺醒；(2) 解決教學問題；(3) 協助教師獲得教學技巧；(4) 提供替代的教學方案；(5) 察覺自我教學能力；(6) 聚焦於教學效能的有效行為；(7) 發現教學中不公平的現象；(8) 維持教學專業的標準。

2. 教學觀察與回饋促使教師提升自我能力

在提升自我能力方面，則可歸納為下列六點：(1) 經由良好教學表現的受肯定，增加自信；(2) 展現教學熱忱；(3) 培養獨立精神；(4) 建立評估自我表現的習慣；(5) 培養增進自我知識的積極態度；(6) 提升教師的專業反省知覺。

二、教學觀察與回饋對教師教學效能影響之相關研究

教學效能是一個多面向的概念，陳木金（1997）指出，教師自我效能（teacher efficacy）與教師教學效能（teaching effectiveness）二者，在國內的教學研究中經常被混淆並用。事實上，教師自我效能通常指教師主觀地評價自己能夠影響學習者成敗的一種知覺、判斷或信念，作為預期學習者可達到一些特定教育目標或有進步表現結果。而教師教學效能是

以有效教學為重心，並指出教師在教學工作中，會講求教學方法、熟悉教材，和激勵關懷學習者，能夠使學習者在學習成就上或行為上具有優異的表現，以追求最好的教學成效，達到特定的教育目標（林進材，2000）。

張德銳等（2000）綜合呂木琳（1998）、Beach 與 Reinhartz（1989）、Borich（1986）、Harris（1985）、Rosenshine（1986）等國內外學者專家的研究意見，認為教師教學效能規準可包括：教學清晰、活潑多樣、有效溝通、班級經營、掌握目標等五個教學領域，其下包含 17 個教學行為、50 個行為指標。

國內許多視導技術（或系統）均使用教學觀察與回饋來提升教師教學效能，這些技術主要包括：臨床視導、同儕輔導、發展性教學輔導系統等。而國內研究對於這些技術的實施成效多抱持肯定的態度：(1) 教學視導可以喚起教師自覺與自省、幫助教師專業成長與增加教師教學信心、促進教學專業對話及建立教學專業團隊、提高學生學習興趣與學習效果（池勝源，2003；阮靜雯，2000；簡毓玲，2000）；(2) 臨床視導有助於教師改善教學技巧、提升教學能力、有效班級經營、增進學生管教技巧、提升人際關係、增進自信心（丁一顧，2004；許正宗，2003；張德銳等，2004；賴政國，2001；蔡志鏗，2004）；(3) 同儕輔導能提升教學的品質、產生真實的合作文化、促進教師的省察能力、針對教學上的問題進行專業對話、找出改進教學問題的解決方法、改變教師的態度和信念（利一奇，2002；萬榮輝，2002；劉益麟，2001）；(4) 透過發展性教學輔導系統的實施，能強化教師教學能力、發展教師教學專業、激勵工作士氣、增進同事情誼、促進教學自信的建立（陳麗莉，2002；賴廷生，2002）。

國外相關實證研究大多對教學觀察與回饋給予正面肯定的態度，包括：(1)提升教師教學能力與技巧（Briggs, 1985; Gemmell, 2003）；(2)促使教師改變教學策略（Bartlett, 1987）；(3)產生互動、支持與反思（Gemmell, 2003）；(4)促使教師進行積極而有建設性的對話（Salladino, 2004）；(5)提升學生學習成效（Briggs, 1985）。但亦有少數研究發現其效果並不顯著（Steinhaus, 1987）。

進一步分析上述國內外相關研究則發現，其實施對象多為實習教師、一般教師，對於初任教師的部分較受忽略。在研究方法上，相關的質化研究以應用個案研究法、觀察法、訪談法較多，相關的量化研究則以問卷調查法、實驗研究法較為常見；不過，就實驗研究法而言，教學觀察與回饋相關領域研究採用此研究方法者，以國外較多，國內則僅見於張德銳等（2004）、丁一顧（2004）的研究，仍需大力拓展。

參．研究設計與實施

本研究主要是採用準實驗研究設計及半結構式訪談法，以了解教學觀察與回饋的實施對國小初任教師教學效能之影響。而本研究之研究架構、實驗設計、研究對象、研究工具、實施程序、資料處理則詳述如下：

一、研究架構

本研究之研究架構詳見圖 6-2，其中，自變項為教學觀

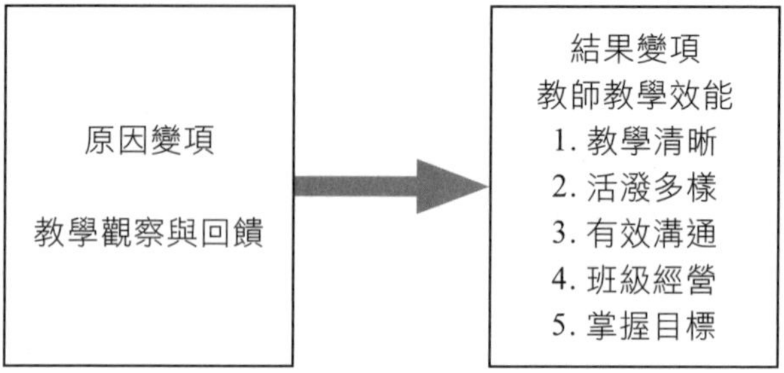

圖 6-2　研究架構圖

察與回饋之實施，依變項則是初任教師之教學效能，包括教學清晰、活潑多樣、有效溝通、班級經營，以及掌握目標等教學領域與其教學行為。

二、實驗設計

本研究採取單一團體時間系列之準實驗設計方式，觀察 35 位初任教師在參與教學觀察與回饋前及參與教學觀察與回饋後，教學效能之表現程度，以了解教學觀察與回饋對教學效能之影響結果。

本研究之實驗設計詳如表 6-3，G 代表參與此次實驗的 35 位教師，O1 代表教學觀察與回饋前的觀察與評分（於 92 年 10 月進行），X1 代表教學觀察與回饋的實驗處理（即每月一次之教學觀察與回饋），O2 代表教學觀察與回饋後的第

表 6-3　本研究之實驗設計

準實驗設計	前測	實驗處理	中測	實驗處理	後測
實驗組 G	O1	X1	O2	X2	O3

一次觀察與評分（於93年2月進行），X2代表教學觀察與回饋的實驗處理，O3代表教學觀察與回饋後的第二次觀察與評分（於93年5月進行）。

其中，實驗處理係教學輔導教師對初任教師實施每個月一次的教學觀察與回饋。而教學輔導教師在進行教學觀察與回饋前，曾於92年度的暑假在臺北市教師研習中心接受三天教學觀察與回饋職前訓練，於進行教學輔導過程中另接受一天的在職成長課程，以便教學輔導教師更熟悉教學觀察與回饋的理論與技術。

此外，為深入了解初任教師對於教學觀察與回饋及其教學效能的意見，本研究亦採取「隨機取樣」的方式，從參與實驗的35位初任教師中，隨機抽取15位進行半結構式訪談，以作為量化資料之佐證。

三、研究對象

本研究之研究母群體，係臺北市92學年度參與教學輔導教師制度試辦國民小學之初任教師，而92學年度試辦國民小學共有13所，總計127位初任教師。根據自願報名參與結果，本研究教學觀察與回饋之對象共包括8所國民小學35位初任教師。在半結構式訪談部分，係採取隨機取樣的方式，抽樣結果包含6所國民小學15位初任教師，作為本研究之訪談對象。

四、研究工具

包括張德銳等（2000）所研發的「教學行為綜合觀察

表」（係發展性教學輔導系統的工具二）與「教學觀察與回饋及教學效能訪談大綱」。

(一) 教學行為綜合觀察表

1. 內容與架構

教學行為綜合觀察表乃是由觀察者（評分者）對教師教學表現進行評分的工具，其內容則是發展性教學輔導系統17個教學行為中的50個教學行為指標。

2. 填答與計分

教學行為綜合觀察表的填答者為觀察評分者，至於其計分的方式，則是依教學影帶中的教師教學情形進行評分。每一題項的評分有正負得分的分別，正向得分（係出現良好的教學表現）畫記最高2次，每次畫記1次得原始分數「+1」分；負向記分（係出現不良表現或該出現良好表現卻未表現）最高畫記亦為2次，每畫記1次則得原始分數「-1」分。結合每位教師在各教學行為下之各指標的分數，則為該名初任教師在該教學行為的原始分數，並經過百分比計分轉換的方式，即為該教學行為的正式教學觀察分數，最高100分，最低0分。

3. 鑑別度與信效度分析

本研究所採用的教學行為綜合觀察表，乃是經過多次理論與實務的分析，所以具有相當不錯的鑑別度與信效度（張德銳等，2000）：

就鑑別度分析而言，其高分組各題項的平均數皆在4.77至5.00之間（該量表於民89施測時係採五點量表），而低分組得分則居於 3.96 至 4.68 之間，且高低分組在每一題項的得分差異也都達 .001 顯著水準，代表每一題目均具有高度的鑑別度。

就 Cronbach's α 信度分析來說，教學行為綜合觀察表 17 個教學行為的 α 信度均高於 .97，顯示這 17 個教學行為內各行為指標的內部一致性很高。

再就因素分析結果來看，在各教學行為所包含的行為指標中，只抽取一個因素的情況下，17 個教學行為內各教學行為指標均有不錯的因素負荷量（分別介於 .36 到 .65 之間）。

除了上述量化研究工具的信效度分析，本研究對每位初任教師三次教學觀察的評分，係由研究小組二人為一組的方式，共同進行教學錄影的觀察。為使二位評分員不會因為主觀認定因素之不同，而對觀察結果產生過大的評分差異，因此，除了在評分前實施訓練外，將針對六位觀察評分員進行信度考驗。其結果發現，六名評分者對 17 個教學行為平均等第評鑑，其 Kendall 和諧係數為 .825，轉換為卡方值為 66.0，達 .001 顯著水準，顯示這六名評分員對 17 個教學行為的評分可信度相當一致。

(二) 教學觀察與回饋及教學效能訪談大綱

本工具係研究者自編，用於初任教師之訪談，旨在了解受訪者對教學觀察與回饋之實施經驗、實施感受及其對教學效能的影響。訪談題目共有四大題，每一大題有一至數個小題，其中第四大題（前三大題係探討教學觀察與回饋之實施過程與經驗，因篇幅關係，本文不分析）的題目如下：教學觀察與回饋對您在下列教學領域的改進，您覺得影響如何？為什麼？(1) 教學清晰；(2) 教學活潑多樣；(3) 有效溝通；(4) 班級經營；(5) 掌握目標。

五、實施程序

研究過程需對初任教師進行三次錄影觀察與評分，每次一堂課，約 35 至 40 分鐘，共計三堂課。第一次錄影觀察與評分時間為 92 年 10 月，實施後則進行每個月一次之教學觀察與回饋，期間自 92 年 10 月至 93 年 4 月，共約進行七次之教學觀察與回饋；第二次錄影觀察與評分時間為 93 年 2 月，第三次錄影觀察與評分時間為 93 年 5 月，然後檢視整個教學輔導教師對初任教師所進行的教學觀察與回饋之歷程，對教師教學效能是否提升。

本研究所進行的半結構式訪談，係於 93 年 5 月（第三次錄影結束後）進行，每位受訪者約訪談一個小時，以深入探索受輔導初任教師所感受之教學觀察與回饋過程，及其在教學效能上的效果。

六、資料處理

在量化資料的處理上，係採用 SPSS 套裝軟體程式，根據觀察與評分結果，分別統計分析三次測量的平均數，以了解初任教師教學效能的改變情形。再者，依據初任教師在 5 個教學領域、17 個教學行為的分數，分別實施前、中、後三次分數間的單因子變異數分析，如達顯著差異程度，則進行事後比較，以分析初任教師在「教學領域」、「教學行為」教學效能上之差異情形。

在質性資料的處理上，則將訪談資料依本研究之研究目的與問題歸納出若干主題，並整理出系統化的理念架構，以為量化資料的佐證。

肆．研究發現與討論

一、初任教師教學效能改變情況分析

(一)「教學領域」教學效能改變情況分析

就表 6-4 中初任教師「教學領域」教學效能的平均得分而言，在第一次施測時，初任教師各領域的平均得分皆高於 50 分以上（滿分為 100 分），可見初任教師本身即具備不錯的教學效能；在第二次施測時，其各領域的平均得分已達 60 分以上；至第三次施測時，其平均得分除「班級經營」外，皆達 70 分以上，其中「教學清晰」、「活潑多樣」、「掌

表 6-4　初任教師各「教學領域」教學效能三次得分平均數

教學領域	第一次得分平均數	第二次得分平均數	第三次得分平均數
A 教學清晰	74.32	79.43	92.64
B 活潑多樣	52.74	61.47	72.59
C 有效溝通	71.35	77.02	77.02
D 班級經營	60.89	68.51	60.89
E 掌握目標	69.05	75.18	86.44

握目標」平均得分成長更是明顯，顯示經過教學觀察與回饋的過程後，初任教師在各個教學領域上的教學效能，有趨向正向改變。

(二)「教學行為」教學效能改變情況分析

表 6-5 是受試者三次教學觀察在 17 個教學行為上的平均得分。從表中可知，初任教師在各教學行為上的平均得分，依觀察時期之不同而逐漸增加的包括：A2、B1、B3、B4、C1、C2、C3、D1、D3、D4、E1、E2、E4 等教學行為，第三次高於第一次的教學行為更是高達 100%。此外第三次所測得的平均得分，除了 B4、D4 以外，皆高達 70 分以上，A1、A2、C1、C2、D2、E1、E2、E4 的平均得分更高達 80 分以上，顯示經過教學觀察與回饋的過程後，初任教師在各個教學行為上，多有不錯的教學表現。

二、教學觀察與回饋對初任教師教學效能效果分析

(一)「教學領域」教學效能變異數分析

本研究以單因子變異數分析，來探究不同時間下，各教學領域教學效能的差異情形，根據表 6-6 所示，「教學清晰」、「活潑多樣」、「班級經營」、「掌握目標」等四個教學領域，都達到統計上的顯著水準。

經事後比較發現，「教學清晰」、「活潑多樣」、「掌握目標」三個教學領域都呈現第三次高於第一次與第二次的情況，至於「班級經營」教學領域則是第二次高於第一次，顯

表 6-5　初任教師各「教學行為」教學效能三次得分平均數

教學行為	第一次得分平均數	第二次得分平均數	第三次得分平均數
A1 掌握所授教材的概念	91.07	87.50	98.57
A2 清楚地教導概念及技能，形成完整的知識架構	57.57	71.35	86.71
B1 引起並維持學生學習動機	55.95	56.07	73.81
B2 運用多元的教學方法及學習活動	62.50	62.14	75.83
B3 使用各種教學媒體	55.36	67.14	72.14
B4 善於各種發問技巧	37.16	60.54	68.57
C1 運用良好的語文技巧	84.76	91.90	93.45
C2 適當地運用身體語言	73.57	76.79	87.50
C3 用心注意學生發表，促進師生互動	55.71	62.38	72.86
D1 營造和諧愉快的班級氣氛	67.50	67.86	71.43
D2 妥善布置教學情境	80.95	84.05	83.33
D3 建立良好教室常規和程序	57.50	70.71	75.71
D4 有效運用管教方法	37.62	51.43	58.57
E1 充分地完成教學準備	86.07	89.64	95.35
E2 有效掌握教學時間	69.52	79.52	88.57
E3 評量學生表現並提供回饋與指導	60.48	57.14	76.72
E4 達成預期學習效果	60.12	74.43	85.12

表 6-6　不同時間下各「教學領域」教學效能變異數分析

教學領域	次別	人數	平均數	標準差	*F* 值	事後比較
A 教學清晰	1	35	74.32	17.20	16.07***	3 ＞ 1 3 ＞ 2
	2	35	79.43	20.88		
	3	35	92.64	8.67		
B 活潑多樣	1	35	52.74	22.57	11.74***	3 ＞ 1 3 ＞ 2
	2	35	61.47	24.15		
	3	35	72.59	22.81		
C 有效溝通	1	35	71.35	21.24	2.88	
	2	35	77.02	19.50		
	3	35	77.02	19.50		
D 班級經營	1	35	60.89	24.06	5.18**	2 ＞ 1 2 ＞ 3
	2	35	68.51	20.62		
	3	35	60.89	24.06		
E 掌握目標	1	35	69.05	21.85	10.68***	3 ＞ 1 3 ＞ 2
	2	35	75.18	14.67		
	3	35	86.44	16.37		

** $p < .01$　*** $p < .001$

示教學觀察與回饋的實施，在初任教師各教學領域教學效能呈現顯著的成長。另外，比較特別是：「班級經營」教學效能的施測結果，除第二次高於第一次外，第二次亦顯著高於第三次。

(二)「教學行為」教學效能變異數分析

本研究以單因子變異數分析，來探究不同時間下，初任教師教學行為教學效能的差異情形，其結果如表 6-7 所示。

從表 6-7 發現，達到顯著差異的教學行為包括：A1、A2、B1、B2、B4、C1、C2、C3、D3、D4、E2、E3、E4 等 13 個教學行為，進一步事後比較發現，僅第三次高於第一次的包括：C1、C3、D3、E2、E4，第三次教學效能高於第一次與第二次者包括：A1、B1、B2、C2、E3，而第二次與第三次高於第一次的包括 B4、D4，其中 A2 更是第三次高於第二次、第二次高於第一次，這樣的統計結果顯示教學觀察與回饋對實驗中的初任教師教學行為教學效能的提升有顯著成效。

表 6-7 不同時間下各「教學行為」教學效能變異數分析

教學行為	次別	人數	平均數	標準差	F 值	事後比較
A1 掌握所授教材的概念	1	35	91.07	16.76	4.72*	3 ＞ 1 3 ＞ 2
	2	35	87.50	24.06		
	3	35	98.57	5.05		
A2 清楚地教導概念及技能，形成完整的知識架構	1	35	57.57	23.05	21.88***	3 ＞ 1 3 ＞ 2 2 ＞ 1
	2	35	71.35	23.54		
	3	35	86.71	15.05		
B1 引起並維持學生學習動機	1	35	55.95	32.88	8.16**	3 ＞ 1 3 ＞ 2
	2	35	56.07	32.64		
	3	35	73.81	28.38		
B2 運用多元的教學方法及學習活動	1	35	62.50	30.55	4.01*	3 ＞ 1 3 ＞ 2
	2	35	62.14	27.81		
	3	35	75.83	26.00		
B3 使用各種教學媒體	1	35	55.36	37.29	2.35	
	2	35	67.14	39.65		
	3	35	72.14	36.52		
B4 善於各種發問技巧	1	35	37.16	33.42	15.44***	2 ＞ 1 3 ＞ 1
	2	35	60.54	31.28		
	3	35	68.57	30.69		

教學行為	次別	人數	平均數	標準差	*F* 值	事後比較
C1 運用良好的語文技巧	1	35	84.76	23.87	3.68*	3 > 1
	2	35	91.90	18.13		
	3	35	93.45	17.89		
C2 適當地運用身體語言	1	35	73.57	31.91	4.84*	3 > 1 3 > 2
	2	35	76.79	28.94		
	3	35	87.50	21.00		
C3 用心注意學生發表，促進師生互動	1	35	55.71	34.58	3.89*	3 > 1
	2	35	62.38	35.89		
	3	35	72.86	31.14		
D1 營造和諧愉快的班級氣氛	1	35	67.50	34.59	0.47	
	2	35	67.86	27.16		
	3	35	71.43	29.01		
D2 妥善布置教學情境	1	35	80.95	36.91	0.10	
	2	35	84.05	26.61		
	3	35	83.33	28.87		
D3 建立良好教室常規和程序	1	35	57.50	37.40	4.16*	3 > 1
	2	35	70.71	33.89		
	3	35	75.71	33.75		

教學行為	次別	人數	平均數	標準差	*F* 值	事後比較
D4 有效運用管教方法	1	35	37.62	32.42	7.77**	2 > 1 3 > 1
	2	35	51.43	31.86		
	3	35	58.57	31.47		
E1 充分地完成教學準備	1	35	86.07	28.24	1.73	
	2	35	89.64	22.17		
	3	35	95.35	12.89		
E2 有效掌握教學時間	1	35	69.52	29.29	6.26**	3 > 1
	2	35	79.52	21.99		
	3	35	88.57	20.02		
E3 評量學生表現並提供回饋與指導	1	35	60.48	29.68	6.17**	3 > 1 3 > 2
	2	35	57.14	20.52		
	3	35	76.72	30.17		
E4 達成預期學習效果	1	35	60.12	35.63	7.19**	3 > 1
	2	35	74.43	31.09		
	3	35	85.12	28.73		

$* p < .05$　$** p < .01$　$*** p < .001$

三、教學觀察與回饋歷程與教學效能訪談分析

本研究除了以量化統計資料分析初任教師的教學效能外，也透過實際訪談15位初任教師，以進一步深入了解教學觀察與回饋對初任教師教學效能的影響情形。

訪談結果發現：經教學觀察與回饋後，多數初任教師的教學效能在教學清晰、活潑多樣、有效溝通、班級經營、掌握目標等各領域都有不錯的成長，而這樣的結果由五位初任教師訪談資料可以得到佐證：

> 主要是教學清晰吧！就是你不管你上國語、數學啊、社會啊，其實就是看你講得清不清楚，活動帶得好不好，學生能不能清楚接受啊！然後問輔導老師啊！你講得很清晰才能達到教學目標嘛！最主要是這兩個〔教學清晰、活潑多樣〕比較多啊！（93.05.26 初任教師 F）

> 〔活潑多樣方面〕因為她〔輔導老師〕比較資深，我覺得她會幫助我教學，像她是學音樂方面的，她會多給我一些音樂的建議，去引起孩子的動機。（93.05.28 初任教師 I）

> 因為我覺得發問的方式還滿不好的，比較不能夠讓他們〔學生〕去思索更多的問題，開放性的問題比較少。我的輔導老師在這方面給了我一些建議。（93.05.24 初任教師 M）

〔有效溝通方面〕，比如說，你在上課會有一些話語，你會脫口而出，可是當後面有一個老師在看你的時候，你就會覺得自己好像是一個學生上台演講被人家看到，你的用字遣詞都會覺得要適當。（93.05.27 初任教師 N）

〔班級經營方面〕，我的輔導老師覺得我上課的教室有點亂，她會跟我說有幾個小朋友剛剛上課不專心，我覺得如果一個班沒有秩序，你很難說你要去教什麼，所以我覺得這方面是我的輔導老師給我最多建議的地方。（93.05.26 初任教師 E）

〔掌握目標方面〕，我會問輔導老師，像我錄數學，我之前就先請她幫我看，這個活動有沒有達到這個活動的教學目標，然後學生他們學習的情況怎麼樣。（93.05.26 初任教師 F）

初任教師認為教學觀察與回饋對其影響是全面性、整體性的，而不是單一面向的，例如訪談中一位教師表示：我會覺得今年最大的成長是全面性成長，而不是單點……（93.06.01 初任教師 G）。另外一位教師表示：其實幫助很多…… 教學清晰、班級經營，其實各方面都有（93.06.02 初任教師 O）。

四、討論

本研究發現：經過一年教學觀察與回饋的協助，初任教師在 5 個教學領域與 17 個教學行為上，大多具有良好的教學效能，而這樣的研究結果與張德銳（2004）、丁一顧（2004）的研究結果相類似，顯示不管是初任教師、新進教師或實習教師，在經過教學觀察與回饋的協助，都會有不錯的教學效能表現。

其次，研究結果也發現：初任教師教學效能三次的比較，在「教學清晰」、「活潑多樣」、「班級經營」、「掌握目標」等四個教學領域，以及 A1 等 13 個教學行為上，達到統計上的顯著差異。此研究結果，與陳麗莉（2002）、賴廷生（2002）、許正宗（2003）、張德銳等（2004）、丁一顧（2004）、蔡志鏗（2004）、Briggs（1985）、Bartlett（1987）、Gemmell（2003）、Salladino（2004）的研究發現：臨床視導之實施對教師之教學效能有正向效果，相當符合。至於 Steinhaus（1987）的研究發現，認為臨床視導的實施對提升教師教學效能上並沒有正向的效應，在本研究中並未獲得支持。

此外，細究有效溝通領域方面，雖然該領域未達統計上的顯著水準，但其下三個教學行為指標卻皆達到顯著水準（$p<.05$），可見教學觀察與回饋對於有效溝通領域的效果，仍具有一定的影響力，這亦可從半結構訪談的結果獲得佐證。

伍．結論與建議

一、研究結論

(一) 初任教師教學效能趨向正向改變

經過一年教學觀察與回饋的協助，初任教師在 5 個教學領域與 17 個教學行為上，大多具有良好的教學效能。

(二) 教學觀察與回饋的實施，有助於初任教師教學效能的增進

初任教師在教學領域方面，「教學清晰」、「活潑多樣」、「班級經營」、「掌握目標」教學效能，有顯著的提升。

在教學行為方面，初任教師在 A1 掌握所授教材的概念；A2 清楚地教導概念及技能，形成完整的知識架構；B1 引起並維持學生學習動機；B2 運用多元的教學方法及學習活動；B4 善於各種發問技巧；C1 運用良好的語文技巧；C2 適當地運用身體語言；C3 用心注意學生發表，促進師生互動；D3 建立良好教室常規和程序；D4 有效運用管教方法；E2 有效掌握教學時間；E3 評量學生表現並提供回饋與指導；E4 達成預期學習效果等 13 個教學行為的教學效能，有顯著的成長。

(三) 半結構式訪談結果亦支持教學觀察與回饋的成效

教學觀察與回饋對初任教師的教學效能確有正向的影響，亦即初任教師在教學清晰、活潑多樣、有效溝通、班級

經營、掌握目標上，皆有不錯的成長。

二、建議

(一)對實務方面的建議

1. 初任教師宜主動提出教學需求，與教學輔導教師討論

為力求教學專業成長，初任教師宜保持積極主動的態度，隨時和教學輔導教師進行聯繫，增加自己改進教學的機會。尤其是教學觀察，更是檢視自我教學的一個利器，可以幫助初任教師覺察到「不自知」的教學行為，進而改進自我的教學效能。

2. 教學輔導教師宜彈性運用多元觀察方式，提供初任教師回饋與建議

針對初任教師提出的不同需求，教學輔導教師若能在觀察工具的使用與選擇上，兼具多元與實用的原則，然後根據觀察結果，提供給初任教師教學改進上的回饋意見，將更有益於初任教師的教學成長。

3. 國民小學宜結合行政與教學單位，全力支持教學觀察與回饋

教學觀察與回饋的實施，需要行政與教學兩方面的合作。在行政方面，行政人員應提供教學觀察與回饋時可能需要的資源，如：錄影設備、電腦設備等，以及開放合適的空間，讓教師們有彼此暢談的場所。而教師們應該主動和行政人員進行協調與溝通，主動尋求教學支援。雙方經由協合性的努力，將可使教學觀察與回饋進行得更為順利。

4. 師資培育機構宜發展與修訂教學觀察工具，提供教師使用與選擇

在目前雖然已有許多教學觀察相關工具可供使用，但其仍可加以增訂或修訂，以適用於更多元的範圍，例如可以為不同學科領域教師、不同身分教師（如特教）、不同階段教師（如幼稚園、國高中），研擬出更特定的觀察工具和表格，以符合不同階段或學科領域教師的需求。當然，師資培育機構除了研發教學觀察工具之外，應負責教學輔導人力的培訓工作，俾學校有足夠的人力，進行教學觀察與回饋工作。

(二) 對未來研究的建議

1. 研究對象擴及不同教育階段、不同身分教師

教學輔導教師制度目前尚屬於試辦階段，僅臺北市實施，未來擴大實施後，除了臺北市，可考慮對臺北市以外的國小進行研究，以探討教學觀察與回饋的實效。其次，除國民小學外，也可以對幼稚園、國民中學、高級中學等進行研究。另外，本研究係針對初任教師進行探究，未來亦可對實習教師、教學有困難的教師進行探究，以期更完整而深入地了解教學觀察與回饋對教師的教學效能影響。

2. 研究內容擴及教學觀察對其他面向的影響

本研究結果顯示教學觀察與回饋對於初任教師的教學效能確有實效，未來研究可再針對以下各方面進行更多探究：(1) 教學觀察與回饋的實施對教師工作壓力、工作滿意度、教學省思的改變情形；(2) 教學觀察與回饋的實施對學生學

習成效的影響；(3) 教學觀察與回饋的實施對學校文化、教師人際關係的影響。

3. 採用不相等控制組實驗設計或縱貫研究設計

本研究的研究設計雖然對於內外在效度都有不錯的控制，但對於內在效度中「同時事件」（history）、「測量工具」（instrumentation）等因素較無法控制，因此，建議未來研究可增設控制組，以增進研究之說服力。另外，由於教學效能的成長是一種長期累積的功夫，如果在時間、人力許可的情況下，可將研究時間拉長，進行四次以上的教學錄影，或進行縱貫研究，以更深入了解教學觀察與回饋的長程實效。

（本文曾於 2006 年發表於《課程與教學季刊》，第 9 卷第 2 期，89-103 頁。承蒙該期刊之出版單位——中華民國課程與教學學會同意轉載於本書，特表謝忱。）

參考文獻

中文部分

丁一顧（2004）。臨床視導對國小實習教師教學效能影響之研究。臺北市立師範學院國民教育研究所博士論文，未出版，臺北市。

池勝源（2003）。學校本位教學視導之研究——以一所國中二位實習教師為例。國立政治大學中等學校在職進修班碩士論文，未出版，臺北市。

利一奇（2002）。國小教師實施同儕教練之行動研究。國立臺北師範學院課程與教學研究所碩士論文，未出版，臺北市。

呂木琳（1998）。教學視導。臺北市：五南圖書出版公司。

呂木琳、張德銳譯（譯），Harris, B. M., Hill, J. (1982/1992)。教師發展評鑑系統（*The DeTEK handbook*）。新竹市：國立新竹師範學院。

沈姍姍（2000）。教師專業成長的誘因與動力——自制度面分析。學校行政雙月刊，9，28-31。

阮靜雯（2000）。國民小學學校本位教學視導與教師專業成長之研究。國立政治大學教育教育研究所碩士論文，未出版，臺北市。

林進材（2000）。國小教師教學效能的理論與實際。高雄市：復文。

洪福財（1997）。反省性教學策略在幼稚教學應用之研究。臺北市：五南圖書出版公司。

高曉婷（2003）。我國國民小學教師自我評鑑效能感之研究——以桃園縣國民小學為例。中原大學教育研究所碩士論文，未出版，中壢市。

張賴妙理（1998）。科學教師自我評鑑的概念與方法。科學教育，

213，2-13。

張德銳（1991）。教學視導的權變途徑。**國立編譯館館刊**，20（2），249-273。

張德銳、簡紅珠、裘友善、高淑芳、張美玉、成虹飛（1996）。**發展性教師評鑑系統**。臺北市：五南圖書出版公司。

張德銳、蔡秀媛、許籐繼、江啟昱、李俊達、蔡美錦、李柏佳、陳順和、馮清皇、賴志峰（2000）。**發展性教學輔導系統——理論與實務**。臺北市：五南圖書出版公司。

張德銳、吳武雄、曾燦金、許籐繼、洪寶蓮、王美霞、陳偉泓、曾美蕙、常月如、曾政清、黃春木、白師舜、李俊達（2001）。**臺北市中學教師教學專業發展系統**。臺北市政府教育局委託之專案研究，未出版。

張德銳、張芬芬、邱錦昌、張明輝、熊曣、萬家春、鄭玉卿、葉興華、張嘉育、高紅瑛、李俊達（2002）。**臺北市中小學教學輔導教師九十學年度實施成效評鑑報告**。臺北市立師範學院初等教育學系，未出版。

張德銳、許志賢、丁一顧、簡賢昌、高紅瑛、洪文向、段懿真、張雲龍、許雅惠（2003）。**國民中小學教師教學專業發展標準及其資源檔之研究**。臺北：國立教育資料館。

張德銳、丁一顧、陳育吟（2003）。初任教師導入方案：一個亟待推動與研究的教改方案。**初等教育學刊**，14，83-108。

張德銳（2004）。專業發展導向教師評鑑的規劃與推動策略。**教育資料集刊**，29，169-194。

張德銳、丁一顧、張純、許雅惠（2004）。**教學導師臨床視導對新進教師教學效能影響之研究**。行政院國家科學委員會專題研究成果報告（報告編號：NSC91-2413-H-133-003），未出版。

張德銳（2006）。教師自我評鑑與專業成長計畫。**中等教育，57**（5），20-35。

許正宗（2003）。**國民小學初任教師臨床視導之個案研究**。臺北市立師範學院國民教育研究所碩士論文，未出版，臺北市。

陳靜文(2003)。**臺北市國民小學初任與教學效能關係之研究**。臺北市立師範學院課程與教學研究所碩士論文計畫，未出版，臺北市。

陳麗莉（2002）。**發展性教學輔導系統應用研究——一位國小實習教師教學成長歷程**。臺北市立師範學院國民教育研究所碩士論文，未出版，臺北市。

陳木金（1997）。國民小學教師教學效能評鑑量表編製之研究。**藝術學報，61**，221-253。

陳美玉（1998）。教室觀察——一項被遺漏的教師專業能力（上）。**研習資訊，15**(5)，49-54。

彭寶旺、余媛宜、劉志宏、林書儉、朱金鳳（2002）。**以教室觀察為焦點之同儕視導模式對建立學校本位教學輔導制度可行性之研究**。新竹縣教育研究發展中心暨網路中心專題研究成果報告（報告編號：91-補012)，未出版。

曾憲政、張新仁、張德銳、許玉齡（2006）。**規劃高級中等以下學校教師專業評鑑規準之研究**。教育部教育研究委員會委託專案報告。新竹市：國立新竹教育大學。

馮莉雅（2001）。**國中教師教學效能評鑑之研究**。國立高雄師範大學教育學系博士論文，未出版，高雄市。

黃宗顯（2004）。應用教師自我評鑑促進教師專業發展。**教育研究，127**，45-54。

萬榮輝（2002）。**國小資深教師實施同儕視導之研究**。國立臺北師範學院課程與教學研究所碩士論文，未出版，臺北市。

葉又慈（2005）。高雄市國民小學教師自我評鑑與教學效能關係之研究。國立高雄師範大學教育學系碩士論文，未出版，高雄市。

劉正（2000）。淺談學生意見調查與教師自我評鑑之問卷分析。教育社會學通訊，19，29-33。

劉益麟（2001）。同儕視導的實踐與反省——臺北市安安國小教學現場實錄。國立臺北師範學院課程與教學研究所碩士論文，未出版，臺北市。

蔡志鏗（2004）。一位實習教師的專業成長故事——臨床視導之個案研究。臺北市立師範學院國民教育研究所碩士論文，未出版，臺北市。

賴政國（2001）。國小教師實施臨床視導之行動研究。國立臺北師範學院國民教育研究所碩士論文，未出版，臺北市。

賴廷生（2002）。國小實施發展性教學輔導之研究——以二位實習教師為例。臺北市立師範學院國民教育研究所碩士論文，未出版，臺北市。

簡紅珠（1997）。專業導向的教師評鑑。北縣教育，16，19-22。

簡毓玲（2000）。國民小學校長教學視導對教師教學效能影響之研究。國立臺北師範學院碩士論文，未出版，臺北市。

蘇秋永（1995）。高中教師評鑑之研究——高中教師自我評鑑量表之發展。淡江大學教育資料科學系碩士論文，未出版，臺北縣。

英文部分

Acheson, K. A., & Gall, M. D. (1997). *Techniques in the clinical supervision of teachers：Preservice and inservice applications*（4th ed.）. New York: Longman.

Airasian, B., & Gullickson, A. R. (1995). *Teacher self-evaluation tool kit.*

Kalamazoo, MI: Western Michigan University.

Airasian, B., & Gullickson, A. R. (1997). Teacher self-evaluation. In J. H. Stronge (Ed.), *Evaluating teaching: A guide to current thinking and best practice* (pp. 215-241). Thousand Oaks, CA: Corwin.

Bailey, G. D. (1981). *Teacher self-assessment: A means for improving classroom instruction*. Washington, DC: National Education Association.

Barber, L. W. (1990). Self-assessment. In J. Millman & L. Darling-Hammond (Eds.), *The new handbook of teacher evaluation: Assessing elementary and secondary school teachers* (pp. 216-228). Newbury Park, CA: Corwin.

Bartlett, B. F. (1987). *Perceived effects of clinical supervision on elementary school teacher*. Unpublished doctoral dissertation, Colorado State University.

Beach, B. & Reinhartz, J. (1989). *Supervision：Focus on Instruction*. New York: Harper & Row.

Borich, G. D. (1986). *Effective teaching methods*. Englewood Cliffs, New Jersey: Merrill.

Borich, G. D. (1994). *Observation skills for effective teaching* (2nd ed.). Englewood Cliffs, New Jersey: Merrill.

Briggs, A. D.(1985). *Teachers' and administrator' perceptions of clinical supervision*. Unpublished doctoral dissertation, Northern Arizona University.

Brighton, S. (1965). *Increasing your accuracy in teacher evaluation*. Englewood Cliffs, NJ: Prentice-Hall.

Gemmell, J. C. (2003). *Building a professional learning community in preservice teacher education: Peer coaching and video analysis.* Unpublished doctoral dissertation, University of Massachusetts, Amherst.

Harris, B. M. (1985). *Supervisory behavior in education* (3rd ed). Englewood Cliffs, New Jersey: Prentice Hall.

Hosack, C. K. (1988). *Using peer coaching to improve the implementation of a process approach to writing instruction: A clinical supervision model.* Unpublished doctoral dissertation, University of South Flordia.

Kuhn, D. (1991). *The skill of argument.* New York: Cambridge University Press.

Millman, J. (1987). *Handbook of teacher evaluation* (6th ed.). Thousand Oaks, California : Sage.

Osterman, K. F., & Kottkamp, R. B. (1993). *Reflective practice for educators: Improving schooling through professional development.* Newbury Park, CA: Corwin.

Oxford Reference's Homepage. (2003). *Feedback.* Retrieved February 3, 2004, from http://www.oxfordreference.com/views/SEARCH_RESULTS.html?q=feedback&ssid=328474911&scope=global&time=0.0136304106537395

Peterson, K. D. (2000). *Teacher evaluation: A comprehensive guide to new directions and practices* (2nd ed.). Thousnad Oaks, CA: Corwin.

Richardson, C. R. (1975). Staff development: A conceptual framework. *Journal of Higher Education*, 14(1), 303-311.

Rosenshine, B. (1986). Synthesis of Research on Explicit teaching, *Educational Leadership*, 83, 60-66.

Salladino, R. Jr. (2004). *A study of colleague consultation: An alternative to traditional methods of teacher supervision*. Unpublished doctoral dissertation, College of Immaculata.

Schon, D. A. (1983). *The reflective practitioner: How professionals think in action*. New York: Basic Books.

Schon, D. A. (1987). *Educating the reflective teaching*. San Francisco: Jossey-Bass. Newbury Park, CA: Corwin.

Steinhaus, L. M. (1987). *Clinical and nonclinical supervision practices in Wyoming schools*. Unpublished doctoral dissertation, University of Wyoming.

Van Manen, M. (1991). *The tact of teaching: The meaning of pedagogical thoughtfulness*. Albany: State University of New York Press.

附　錄

附錄一　教師專業評鑑規準意義說明

A 課程設計與教學

A-1 精熟任教學科領域知識【評鑑指標】

A-1-1 正確掌握任教單元的教材內容【檢核重點】

意義：老師於上課時，能確實掌握教材內容重點，並解答學生疑惑。

觀察重點：1. 老師上課時，能依據教學進程旁徵博引，展現對於教學內容的精熟。
2. 老師上課時，能隨時因應學生問題，展現對於教學內容的精熟。

觀察示例：上生物課「化石演化」，教師能在課前蒐集化石樣本與相關資料，在上課時清楚地說明化石的定義，並介紹化石相關概念，如活化石、化石系列等。然後透過貝類的化石過程，讓學生對於化石有更深入的認識。

A-1-2 有效連結學生的新舊知識

意義：老師在教學時能依據教材的知識體系，注意新舊知識之間的聯繫，以協助學生建立知識架構，有助學習遷移。

觀察重點：1. 老師在教學時，能提示與新教材相關的舊概念，並注意兩者之間是否具有實質邏輯關係。

2. 在教學過程中，能夠隨時利用學生學過的知識，引導學生學習新概念。例如：提到過去曾經學過的單元名稱、主題、內容，用以解釋或說明此次新教的概念或原理原則等。

觀察示例：上生物課「化石演化」時，教師能夠提醒與化石作用（以前學過）之間的關係。

A-1-3 結合學生生活經驗

意義：老師能將學生日常生活經驗，納入教學活動設計之中，以引發學生學習動機、促進學生學習。

觀察重點：1. 老師在一開始上課時，能選擇相關的學生生活經驗，作為開啟學習主題的起點。

2. 老師介紹或解釋新的概念時，可以運用學生日常生活的觀念、用語或例子等加以說明，以提高學生學習的興趣和效果。

觀察示例：上英語會話課，老師請同學們唸「7-Eleven」，並由此作為會話的主題。

A-2 清楚呈現教材內容

A-2-1 說明學習目標或學習重點

意義：老師教學時，能夠提列教學目標並說明教學重點，引導學生一開始便能掌握學習要點。

觀察重點：1. 老師在一開始上課時，即能利用板書、投影片、口述、學習單之填寫，或讓學生回答討論等方式，對學生提示該堂課的學習目標。
2. 老師在上課時，進行任何一個小單元的教學，都會在剛開始進行教學時，運用適當方法提示該段教學的重點。

觀察示例：上國文課，老師在黑板上寫下「第十四課」，單元主題是〈再別康橋〉。

A-2-2 有組織條理呈現教材內容

意義：老師教學時，能把握由簡單到複雜、由近到遠等原則，以循序漸進，一個概念一個概念的方式來呈現教材。

觀察重點：1. 老師在進行教學時，會從簡單的概念先呈現，再呈現複雜的概念。
2. 老師在教學時，會運用教過的簡單概念，綜合成複雜概念。

觀察示例：上英文課，老師先教導單字及片語，然後再運用這些單字及片語進行句型的說明與應用。

A-2-3 正確而清楚講解重要概念、原則或技能

意義：老師於上課時能清楚說明教材內容重點，並解答學生疑惑。

觀察重點：1. 老師上課時，能清楚講解教材內容重點。
2. 老師上課時，能針對學生問題清楚說明。

觀察示例：上生物課「化石演化」，教師在上課時清楚地說明化石的定義，並介紹化石相關概念，如活化石、化石系列等。

A-2-4 多舉例說明或示範以增進理解

意義：老師教學時，能夠舉例或提出證據說明各種概念，引導學生領悟概念，幫助學生理解。

觀察重點：1. 老師教學時，會列舉正面或反面的例子，來幫助學生充分了解所教的內容。
2. 老師教學時，會提出各種證據，說明各種定理或公式，協助學生學習。

觀察示例：上國中數學課，老師提出切蛋糕的例子，說明分數的概念之運用。

A-2-5 提供適當的練習以熟練學習內容

意義：老師在某階段的教學後，能提供學生練習或分派作業，協助學生了解並熟練學習內容。

觀察重點：1. 每一單元或概念講授完後，老師會在課堂中，提供應用此概念的練習活動。
2. 每一教學單元或教學段落結束後，老師會分派作業，來幫助學生學習。

觀察示例：上國文課時，老師會在現代詩選單元講解鄭愁予的新詩〈錯誤〉後，讓學生仿作一首新詩。

A-2-6 設計學習情境啟發學生思考與討論

意義：老師能設計學習情境，引發學生思考學習內容，並促進同儕之間的討論。

觀察重點：1. 老師能設計與主題有關的情境。

2. 該情境可引發學生思考與討論。

觀察示例：在「環境與生活」的教學單元中，介紹高原環境時，老師提供了青康藏高原的圖片，上課時介紹「糌粑」、「酥油」、「茶」等幾種典型的食物，並讓學生實際吃吃看。在實際體驗的過程中，引導學生討論食物和環境物資之間的關係。

A-2-7 適時歸納總結學習重點

意義：老師在每節課的過程中或結束前，能適時將該節或該段落的教學內容加以摘要，並總結學習要點，幫助學生學習完整概念。

觀察重點：1. 每一章節或教學過程中的段落結束時，老師能運用各種方式，例如在黑板（以板書方式）或以口頭問答方式等，進行重點歸納。

2. 在一節課結束前，老師能運用各種方法，總結該節課的學習要點。

觀察示例：上英語課指導發音，老師列舉了許多英文單字最後一個字母為有聲子音，其後加 ed，音都讀成〔d〕，老師最後歸納，除了最後一個字母是 d 之外的其他有聲子音，其後加 ed，音都讀成〔d〕。

A-3 運用有效教學技巧

A-3-1 引發並維持學生學習動機

意義：老師在教學初始時，能引起學生好奇、探索、控制、嘗試等內發性的行為動機；在後續的教學過程中，能提供相關的教材或活動，吸引其專注於學習活動。

觀察重點：1. 老師開始上課之初，能選擇和學生生活相關或有興趣的觀念或例子，作為切入主題的起點。

2. 教師能設計安排足以維持學生注意力的事物或學習活動。

觀察示例：老師問學生：「最近大家流行養什麼寵物？狗狗？貓咪？黃金鼠？為什麼？」然後引進上課主題「滅鼠週——談公共衛生」。

A-3-2 善於變化教學活動或教學策略

意義：老師能配合教學內容、場地與學生需要等，運用各種教學方法，例如：講演、練習、討論、演示等，以提升學生學習效果。

觀察重點：1. 教案設計所選擇之教學方法，能考量學生學習的需要。

2. 教學過程所使用的各種教學方法，例如：

講演、練習、討論、演示等，確實能符合學生學習的需要。

觀察示例：上物理課時，老師先以「影片欣賞教學」讓學生觀賞瓜熟落地的片段，再運用「討論教學法」讓學生針對這一段影片討論學生所發現的，接著使用「發表教學法」讓學生進行發表，最後運用「講述教學法」介紹並引導出「地心引力」的概念。

A-3-3 有效掌握教學節奏和時間

意義：老師在教學活動的進行，能考量師生互動與學生學習需求及反應，彈性地分配時間並維持流暢的教學節奏。

觀察重點：1. 教師能以活動性質與學生學習需要，分配各個教學活動時間。
2. 老師對於教學能夠依據實際狀況，掌握教學節奏以維持教學的流暢性。

觀察示例：上課 5 分鐘後，數學老師以 15 分鐘進行公式說明及例題演示，花費 3 分鐘在黑板上抄寫二道題目，分配 15 分鐘給學生練習，以最後的 7 分鐘檢討，有 80% 的學生二道題全對。

A-3-4 有效使用教學媒體或電腦網路

意義：教師能考慮教材的性質、學生能力、學習風格以及學習場地的條件等，應用各種教學媒體或網路資源。

觀察重點：1. 老師能在教案設計中，配合教學場地、教材與活動需要，預先規劃教學媒體或網路資源。

2. 老師能配合教學活動的進行，選用教學媒體或網路資源。

觀察實例：1. 老師在教導四則運算的基本概念時，選用一些四則運算的卡片展示配合進行。

2. 老師在教導「劉銘傳治理臺灣」這個單元時，能上網選播一些相關的教學影帶輔助教學。

A-3-5 根據學生個別差異調整教學

意義：老師能於必要時，依據學生個別差異，調整教學內容與步調，協助學生有效學習。

觀察重點：1. 老師能察覺學生個別差異的狀況。

2. 必要時採取適當作法，協助學生學習，例如調整上課內容、課後輔導、安排小老師，或是提供個別化的學習機會。

觀察示例：1. 觀察實例：老師原本要進行國一上學期數學科線性代數運算，不過經過一個小測驗後，老師發現全班有一半以上對於運用數學四則運算的解題能力有問題，於是老師決定從四則運算的基本概念開始進行教學，改變一開始就教抽象線性代數的作法。

2. 數學課上「一元一次不等式」時，明憲無法理解跟上進度，老師安排培進利用中午協助明憲。

A-4 善於發問啟發思考

A-4-1 設計由淺而深的問題引導學生思考

意義：老師能依據教材內容與學生程度，由淺而深地設計問題，藉由不同程度的問題，例如：知識、理解、應用、分析、綜合、評鑑等層次，啟發學生思考。

觀察重點：1.老師在教學設計時，能預先準備不同層次的問題。

2. 老師在教學時，能提出基礎的知識、理解性問題。

3. 根據學生的學習反應，再逐步提出較高層次的應用、分析和評價等問題，引導學生思考。

觀察示例：上物理課「摩擦力」的單元時，以推動拋錨的汽車為例，提問為什麼汽車開始運動前要費很大的力氣才能推動，但一經推動後，則不必太費力即可保持汽車運動？之後，再提出有關摩擦力的相關問題，例如：什麼是靜摩擦力？什麼是動摩擦力？

A-4-2 發問後待答時間適當（3 秒以上）

意義：老師發問後，能給予學生 3 秒鐘以上的時間思考，然後回答問題。

觀察重點：老師每次發問後，能給予學生至少 3 秒以上的思考時間。

觀察示例：老師請同學就「慣性定律」舉出生活上的實例，先等待至少 3 秒鐘之後，再請同學分別回答。

A-4-3 發問後能針對學生回答繼續延伸問題

意義：老師能針對學生回答繼續提出與此一主題相關的問題。

觀察重點：老師在學生回答問題之後，能據學生的回答內容，繼續提出延伸性的問題，使學生能進一步地思考與探索。

觀察示例：老師問：「哪一種多邊形只有一個內角大於 180 度？」學生回答：「凹多邊形。」之後，老師繼續延伸下一個問題，「凹多邊形還有哪些重要的特徵？」

A-4-4 聽答後能歸納整理學生的回答

意義：老師能根據學生們的回答，引導學生整理或由教師歸納出學生回答的重點或概念。

觀察重點：1. 老師能根據學生們的回答，整理出主要的重點。

2. 老師能根據學生們的回答，引導學生自行整理出回答的重點。

觀察示例：老師展示許多的三角形，並一個一個詢問同學。經由同學們回答之後，老師引導學生將學生回答的三角形名稱，歸納成直角、銳角和鈍角三角形。

A-5 應用良好溝通技巧

A-5-1 板書正確、工整有條理

意義：老師在板書時，位置適當、字體正確工整，而且字體大小足以讓最後一排學生容易看清楚。

觀察重點：1. 老師板書時，字體工整不會潦草凌亂。

2. 老師板書時，字體正確無錯別字。

3. 老師板書時，字體大小適中，教室後面及兩旁的學生都看得清楚。

4. 老師板書位置適中，教室後面及兩旁的學生都看得清楚。

觀察示例：數學課上幾何證明時，老師將作圖與證明步驟，以工整的字體，清楚的一個步驟一個步驟地寫下來。最後一排的學生，能輕易的按照黑板的題目做練習。

A-5-2 口語清晰、音量適中

意義：老師上課時，音量足夠，說話速度不會明顯太快或太慢，咬字清晰，沒有口頭禪或贅語，能讓教室內每一個學生都聽得清楚。

觀察重點：1. 老師說話全班學生都能聽到。
2. 老師說話速度不會明顯太快或太慢。每分鐘約 180-220 字。
3. 老師咬字清楚。
4. 老師說話沒有口頭禪或贅語。

觀察示例：上數學課時，老師說：「請同學把直尺和圓規準備在桌子上」，最後一排同學能聽清楚老師的指示，作出拿直尺和圓規的動作。

A-5-3 教室走動或眼神能關照多數學生

意義：老師上課時，不會只停留在講台上，會適度移動位置或透過眼神巡視顧及多數學生，增進溝通效果。

觀察重點：1. 老師在教學時，能依教學需要變換位置。老師移動的方向和範圍，能顧及每位學生。
2. 老師沒有移動時，可以透過眼神巡視，關照多數學生。

觀察示例：實驗課或藝能課分組上課，老師在講解說明時，能巡視各組使不專心學生注意聽講。

A-6 善於運用學習評量

A-6-1 依實際需要選擇適切而多元的評量方式

意義：老師能依據學習目標，使用各種評量方法與工具，包括個別及團體的評量方法與工具，實施有效的評量。

觀察重點：1. 老師能依據學習目標，採用評量方法與工具。

2. 老師能運用各種評量方法與工具，例如：口頭發問、學生提問，口試、自評、角色扮演、小組討論、作業練習、實際操作、實驗報告、調查報告、參觀訪問記錄等彈性評量方式，以了解學生學習成效。

觀察示例：上完國文課朱自清的〈背影〉時，老師先詢問學生：「文章中有哪些部分描述父親對朱自清的關心行為？」然後再請每位同學寫一份報告作為該課的評量方式。

A-6-2 適時檢視學生的學習情形

意義：老師在教學時，能透過評量敏感察覺學生學習情形，以作為學生學習相關判斷的依據。

觀察重點：1. 老師能在重要概念教學時，透過評量適時檢視學生學習表現，以決定是否進行後續概念教學。

2. 老師能在次要概念或相關概念教學時，透過觀察、口語問答等評量方式，確定是否需要實施個別輔導等補救教學。

觀察示例：解聯立方程式時，教師觀察到部分學生無法完全理解，所以適時提問一、二位學生，根據學生理解困難處重新教一次，然後再次透過問答確定那些學生可以清楚掌握解題步驟。

A-6-3 根據學習評量結果分析學習成效

意義：老師能依據評量結果分析學生學習成效，確定學生學習盲點，並推斷可能原因，作為教學改進依據。

觀察重點：1. 老師能在評量之後，蒐集或記錄評量所得資料。

2. 老師能對評量資料進行分析，正確解讀。

觀察示例：在「正方體」教學過程中，老師批改學習單時，發現多位學生在計算個別立方體出現錯誤，經與前次學習單對照後，老師研判學生在空間概念上需要加強。

A-6-4 根據學生評量結果調整教學

意義：老師根據評量的資料，因應個別差異的存在，對特殊需要的學生採取補救教學或加深加廣的指導。

觀察重點：1. 老師能根據評量結果，對學習緩慢的學生，進行補救教學。
2. 老師能根據評量結果，對學習表現優異的學生，進行加深加廣的指導計畫。

觀察示例：1. 上歷史課時，教師問：「唐太宗在歷史上所扮演的角色是什麼？」學生無明確之回答。此時，老師請學生回去蒐集相關資料，以利進一步之教學。
2. 上英語課進行會話練習時，老師發現某位同學會話能力強，早已精熟會話句型；教師便提供其他會話材料供其自行練習。

A-7 達成預期學習目標

A-7-1 學生學習專注

意義：老師的教學，能使 80% 以上的學生參與投入。

觀察重點：老師教學時，有 80% 以上學生參與學習活動。

觀察示例：老師要求同學閱讀課本 87 頁，全班同學都有翻書到第 87 頁的動作，積極參與這個教學活動。

A-7-2 學生能理解運用所學概念與技能

意義：學生能理解及運用老師所教授的概念與技能。

觀察重點：學生能夠在學習的過程中，應用所學的概念及技能。

觀察示例：1. 學生學會絕句格律，仿作一首五言絕句的詩。
2. 學生能依照所學習的舞步自編創作。

A-7-3 學生能理解並悅納與學習活動有關的價值觀念

意義：學生能理解學習活動當中所習得的價值，並且悅納相關的價值觀念。

觀察重點：1. 學生能理解學習活動中所獲得的有關價值觀念。
2. 學生能悅納學習活動中所獲得的價值觀念。

觀察示例：學生能從生命教育活動中，體會出人生有許多最珍貴的物品，可能都不是金錢所能買到的。而能建立把握當下，關心自己與他人「即能擁有」的價值觀。

B 班級經營與輔導

B-1 建立有助於學習的班級常規

B-1-1 訂定合理的班級規範與獎懲規定

意義：老師能指導學生或是和學生共同訂定「生活公約」、教室活動程序及獎懲規定。

觀察重點：1. 老師能讓學生討論、訂定並充分了解教室規範。
2. 班級常規內容明確、合理、可行。

3. 獎懲規定不違背法令，且合理可行。

觀察示例：學生都知道老師要求發問前先舉手，經允許後才發言。

B-1-2 維持良好教室秩序常規

意義：老師能適時、簡明、貫徹地提醒或要求學生，遵守教室中各種活動的規則和公約。

觀察重點：1. 老師會經常監看學生遵守班級常規的情形，適時給予回饋。

2. 當學生違反已事先明訂的教室規範時，老師能及時地提醒。

3. 老師對於不同學生違反規範的處理，能維持公平，且前後一致。

觀察示例：老師發現學生上課吃東西，於是提醒他將食物收起來，待學生收起食物後，引領全班重新回到教學活動中。

B-1-3 適時增強學生的良好表現

意義：老師能敏於覺察學生的良好行為，並適時予以增強，促使學生由外爍的他律轉移到內發的自律。

觀察重點：1. 老師能隨時掌握班級動態。

2. 老師能針對具體行為，公正客觀地施予明確獎勵。

觀察示例：上課中老師請全班學生唸出黑板上的標題之後，說：「哇！全班同學都唸得很清楚又整齊！老師給你們每一組都加一分！」接著就在黑板左上角各組名下都畫上一顆星，代表每一組都加了一分，全班學生都很有禮貌的說：「謝謝老師！」

B-1-4 妥善處理學生不當行為

意義：老師能依據對於教學活動影響的程度，正確地判斷學生不當行為，而明快地決定處理的時機與方式。

觀察重點：1. 老師能正確而迅速地發覺學生的不當行為。
2. 老師能運用各種彈性的方法處理各種不當行為，促使學生重新回到學習活動中。

觀察示例：1. 老師發現兩位大聲交談的學生，立刻以關注的眼神提醒他們停止交談。
2. 老師走近一位已趴著睡了約 3 分鐘的學生，拍醒他，以手勢要求他出去洗臉再回到教室。
3. 老師對於一位手機響起且接聽的學生，要求立即中斷談話。

B-2 營造積極的班級學習氣氛

B-2-1 布置或安排適當的學習環境

意義：老師能依據教學需要，布置或安排班級的硬體環境，例如學生座位、教室布置或學生作品展示。

觀察重點：1. 老師能依照主要的教學方式安排學生座位。
2. 教室布置內容能配合單元教學。
3. 學生作品能有展示的機會。

觀察示例：自然課上到「美麗的花朵」這個單元時，老師在窗台上放了五個花的盆栽。

B-2-2 營造良好和諧的師生互動關係

意義：老師能以溫暖、接納、同理的態度，以及支持的口吻與學生互動。

觀察重點：1. 教師能以溫暖、接納、同理的態度，與學生相處。
2. 教師能以溫暖、接納與支持的口吻，與學生互動

觀察示例：上英文課，老師問：「大家有沒有天天聽英語廣播？」學生不敢回答，老師微笑的說：「沒關係，It's never too late to learn。」

B-2-3 引導學生進行同儕合作學習

意義：老師能提供學生合作學習的機會，例如：學生分組活動等，以引導學生彼此間進行合作式的學習。

觀察重點：1. 教師能將時間妥善分配，提供學生合作學習的機會與時間。

2. 學生分組討論時，老師能進行合作學習的指導。

觀察示例：生物課「解剖青蛙」，老師依學生程度分組，並分配每組的角色和任務，共同分工合作完成解剖活動。

附錄二　教學專業發展評鑑系統使用工具

工具一：教師自評表（表 1A）

壹、基本資料

教師姓名：________ 任教年級：________ 任教科目：________

日期：__________

貳、填寫說明

本自評表的目的係為了協助您自我覺察教學上的優缺點，進而產生自我成長的作用。為達自我診斷之目的，請您在閱讀完評鑑指標後，慎重勾選最能真實代表您表現情形的欄位：如您「總是」表現出該教學行為（有 8 成以上的信心），請在「優良」一欄打勾；「經常」表現出該教學行為（有 6 成至 8 成的信心），請在「滿意」一欄打勾；「偶而」或「很少」表現出該教學行為（6 成以下的信心），請在「待改進」一欄打勾。然後在後面的意見陳述中，具體補充說明您整體表現的優劣得失以及自我成長的構想。

	優良	滿意	待改進
A 課程設計與教學			
A-1 精熟任教學科領域知識	□	□	□
A-2 清楚呈現教材內容	□	□	□
A-3 運用有效教學技巧	□	□	□
A-4 善於發問啟發思考	□	□	□
A-5 應用良好溝通技巧	□	□	□
A-6 善於運用學習評量	□	□	□
A-7 達成預期學習目標	□	□	□
B 班級經營與輔導			
B-1 建立有助於學習的班級常規	□	□	□
B-2 營造積極的班級學習氣氛	□	□	□

意見陳述（請就上述勾選狀況提供文字上之說明，如果空白不夠填寫，請自行加頁）：

1. 我的優點或特色是： 2. 我尚可成長和改進的空間是： 3. 我成長的構想是：

工具二：觀察前會談記錄表（表 2A）

教學時間：______　教學年級：______　教學單元：______
教材來源：______　教學者：______　觀察者：______
觀察前會談時間：______

一、教材內容：
二、教學目標：
三、學生經驗：
四、教學活動：
五、教學評量方式：
六、觀察時所使用的評鑑指標：
七、觀察的工具和焦點：
八、回饋會談時間和地點：

工具三：教學觀察表（表 3A）

教師姓名：________ 任教年級：________ 任教科目：________
課程名稱：________ 課程內容：________________
觀察者：________ 觀察日期：________
觀察時間：________ 至________

評鑑指標與檢核重點	畫記		教師表現事實摘要敘述	結果			
	正向	負向		優良	滿意	待改進	不適用
A-1 精熟任教學科領域知識				□	□	□	□
A-1-1 正確掌握任教單元的教材內容							
A-1-2 有效連結學生的新舊知識							
A-1-3 結合學生生活經驗							
A-2 清楚呈現教材內容				□	□	□	□
A-2-1 說明學習目標或學習重點 *							
A-2-2 有組織條理呈現教材內容							
A-2-3 正確而清楚講解重要概念、原則或技能							
A-2-4 多舉例說明或示範以增進理解							
A-2-5 提供適當的練習以熟練學習內容							
A-2-6 設計學習情境啟發學生思考與討論							
A-2-7 適時歸納總結學習重點							

A-3 運用有效教學技巧				□ □ □ □
A-3-1 引發並維持學生學習動機				
A-3-2 善於變化教學活動或教學策略				
A-3-3 有效掌握教學節奏和時間				
A-3-4 有效使用教學媒體或電腦網路				
A-3-5 根據學生個別差異調整教學				
A-4 善於發問啟發思考				□ □ □ □
A-4-1 設計由淺而深的問題引導學生思考				
A-4-2 發問後待答時間適當（3秒以上）				
A-4-3 發問後能針對學生回答繼續延伸問題				
A-4-4 聽答後能歸納整理學生的回答				
A-5 應用良好溝通技巧				□ □ □ □
A-5-1 板書正確、工整有條理				
A-5-2 口語清晰、音量適中				
A-5-3 教室走動或眼神能關照多數學生				

A-6 善於運用學習評量				□ □ □ □
A-6-1 依實際需要選擇適切而多元的評量方式 *				
A-6-2 適時檢視學生的學習情形				
A-6-3 根據學習評量結果分析學習成效 *				
A-6-4 根據學生評量結果調整教學 *				
A-7 達成預期學習目標				□ □ □ □
A-7-1 學生學習專注				
A-7-2 學生能理解運用所學概念與技能				
A-7-3 學生能理解並悅納與學習活動有關的價值觀念				
B-1 建立有助於學習的班級常規				□ □ □ □
B-1-1 訂定合理的班級規範與獎懲規定				
B-1-2 維持良好教室秩序常規				
B-1-3 適時增強學生的良好表現				
B-1-4 妥善處理學生不當行為				
B-2 營造積極的班級學習氣氛				□ □ □ □
B-2-1 布置或安排適當的學習環境 *				
B-2-2 營造良好和諧的師生互動關係				
B-2-3 引導學生進行同儕合作學習				

【註】1. 畫底線部分（A-6-3、A-6-4）較宜於回饋會談確認。

2. 註記＊號檢核重點（A-2-1、A-6-1、A-6-3、A-6-4、B-2-1）為有無問題，有則畫記正向兩次，無則空白。

工具四：學生學習意見表（表 4A）

教師姓名：＿＿＿＿＿＿　任教年級：＿＿＿＿＿＿
任教科目：＿＿＿＿＿＿
學生性別：男　女　　日期：＿＿＿＿＿＿

請想想看你的老師在上課時，有沒有常常表現像句子中所說的情形。
如果有，請在句子上面的括弧內打（○）
如果沒有，請在句子上面的括弧內打（Δ）

（　）1. 老師上課的內容，知識很豐富。（A-1）
（　）2. 上課時，老師會清楚說明上課內容重點。（A-2）
（　）3. 老師上課時，會用一些很好的方法或活動讓我學得更成功。（A-3）
（　）4. 上課時，老師很會問問題，讓我更努力學習。（A-4）
（　）5. 老師上課講的話和他的動作，我都能了解。（A-5）
（　）6. 老師會用學習單、問問題，或是其他考試的方法，來了解我學會了沒有。（A-6）
（　）7. 上課時，老師希望我學會的，我都能學會。（A-7）
（　）8. 上課時，班上同學的秩序都很好。（B-1）
（　）9. 我們上課的氣氛很好，同學學得很快樂。（B-2）

最後，我還想對老師說：

工具五：綜合報告表（表 5A）

壹、基本資料

教師姓名：＿＿＿＿＿　任教年級：＿＿＿＿＿

任教科目：＿＿＿＿＿　日期：＿＿＿＿＿

貳、填寫說明

請評鑑者將「教師自評表」、「教學觀察表」、「學生意見調查表」所得到的結果轉錄於表中相對應欄位，然後在各項評鑑項目上，逐一判斷受評鑑教師是否具備能力（已具備能力者打＊）、是否需要成長。最後再經由與受評鑑教師的討論後，在總評意見中，補充說明受評鑑教師整體表現的優劣得失以及具體成長建議。

層面	評鑑指標	教師自評			教室觀察			學生意見		是否具備能力	是否需成長
		優良	滿意	待改進	優良	滿意	待改進	多數支持	少數支持		
A 課程設計與教學	A-1 精熟任教學科領域知識										
	A-2 清楚呈現教材內容										
	A-3 運用有效教學技巧										
	A-4 善於發問啟發思考										
	A-5 應用良好溝通技巧										
	A-6 善於運用學習評量										
	A-7 達成預期學習目標										

層面	評鑑指標	教師自評			教室觀察			學生意見		是否具備能力	是否需成長
		優良	滿意	待改進	優良	滿意	待改進	多數支持	少數支持		
B 班級經營與輔導	B-1 建立有助於學習的班級常規										
	B-2 營造積極的班級學習氣氛										

總評意見（請說明受評鑑教師整體表現的優劣得失以及具體成長建議，如果空白不夠填寫，請自行加頁）：

1. 受評鑑教師優點是：

2. 受評鑑教師待成長的地方是：

3. 具體的改進建議是：

工具六：專業成長計畫表（表 6A）

教師姓名：＿＿＿＿＿＿　　　　學校名稱：＿＿＿＿＿＿
任教年級：＿＿＿＿＿＿　　　　任教科目：＿＿＿＿＿＿

1. 指出教師已有的教學成就
（參考「教師自評表」〔表 1A〕或「綜合報告表」〔表 5A〕之後，註明教師已具備能力的評鑑指標代號）

已具備能力的評鑑指標

2. 指出教師需要成長的評鑑指標（一個評鑑指標請用一張表格）

<table>
<tr><td colspan="4">需要成長的評鑑指標</td><td></td></tr>
<tr><td colspan="4"></td><td></td></tr>
<tr><td>發展層次</td><td>選定的成長活動
（列舉可以採行的活動）</td><td>合作人員</td><td>預定完成日期</td><td>實際完成日期</td></tr>
<tr><td></td><td></td><td></td><td></td><td></td></tr>
<tr><td></td><td></td><td></td><td></td><td></td></tr>
<tr><td></td><td></td><td></td><td></td><td></td></tr>
<tr><td></td><td></td><td></td><td></td><td></td></tr>
<tr><td></td><td></td><td></td><td></td><td></td></tr>
</table>

教師簽名：＿＿＿＿＿＿　　　　檢討會議
評鑑者簽名：＿＿＿＿＿　　　　日期：＿＿年＿＿月＿＿日

國家圖書館出版品預行編目資料

教學專業發展評鑑系統：實務手冊與研究／張德銳、高紅瑛、康心怡著. --1版. --臺北市：五南，2010.02
面；　公分
ISBN 978-957-11-5855-6（平裝）
1.教師評鑑　2.教師專業資格
522.29　　98023049

1IUK
教學專業發展評鑑系統：實務手冊與研究

作　　者 — 張德鋭(220)　高紅瑛　康心怡
發 行 人 — 楊榮川
總 編 輯 — 王翠華
主　　編 — 陳念祖
責任編輯 — 李敏華　雅典編輯排版工作室
封面設計 — 杜柏宏
出 版 者 — 五南圖書出版股份有限公司
地　　址：106台北市大安區和平東路二段339號
電　　話：(02)2705-5066　傳　　真：(02)2706-6
網　　址：http://www.wunan.com.tw
電子郵件：wunan@wunan.com.tw
劃撥帳號：01068953
戶　　名：五南圖書出版股份有限公司

法律顧問　林勝安律師事務所　林勝安律師

出版日期　2010年2月初版一刷
　　　　　2017年3月初版四刷

定　　價　新臺幣350元